DU MÊME AUTEUR

Métaphysique de la miette, Argol Éditions, 2013.

Le Goût de Kyoto, Mercure de France, 2013.

Miroirs de l'infini. Le jardin à la française et la métaphysique au XVIIe siècle, Seuil, 2011.

Le Livre bouffon. Baudelaire à l'Académie, Seuil, 2009.

Autobiographie dans un chou farci, Mercure de France, 2006.

Comment cuisiner un phénix. Essai sur l'imaginaire gastronomique, Mercure de France, 2004.

Poupées, dirigé par Allen S. Weiss, Gallimard, 2004.

Acte I. Pour un nouveau musée, avec Jean-Michel Bouhours et Nathalie Rosticher, Éditions de La Martinière, 2004.

Flamme et festin. Une poétique de la cuisine, Java, 1994.

haute enfance

Collection dirigée
par Colline Faure-Poirée

Allen S. Weiss

L'autobiographie de Teddy

Récit

Traduit de l'anglais (États-Unis)
par Jean-François Allain

nrf

Gallimard

À la mémoire de ma mère

Ne croyez pas que le destin soit plus que
la plénitude de l'enfance.

RAINER MARIA RILKE,
Élégies de Duino
(septième élégie)

I

J'emballe ma bibliothèque, ou la mélancolie du départ

> … tous ses souvenirs avaient le caractère vague des pressentiments, et le fait qu'ils fussent passés leur donnait l'apparence d'un futur.
>
> RAINER MARIA RILKE,
> *Les Cahiers de Malte Laurids Brigge*

Des années ont passé depuis que les cornouillers sauvages fleurissaient sur Dogwood Ridge. La propriété ne mérite donc plus son nom, puisqu'elle n'a gardé que des chênes et quelques conifères épars. Après quarante ans, j'ai décidé, pour diverses raisons sans grand intérêt littéraire, de déménager. Beaucoup de choses ont donc désormais une présence cristalline, car je sais que je ne les verrai jamais plus. En plus du paysage environnant et de certaines lunes, d'un silence d'une qualité particulière et de trois ou quatre magnifiques arbres (auxquels j'ajouterai une azalée lavande qui devrait être inscrite au patrimoine national), il me manquera la proximité des hiboux.

J'ai longtemps feint le nomadisme, prétendant vivre dans quatre ou cinq lieux différents (Dogwood Ridge, Paris, Nice, Kyoto, et une ferme isolée en Aubrac), mais, en réalité, je suis un sédentaire en série. Avec une bibliothèque de plus de dix mille volumes, il serait impossible d'être itinérant, et le psychisme s'adapte en conséquence. En outre, préférant me définir par mon écriture plutôt que par ma nationalité, mon genre, ma race, ma sexualité ou toute autre forme d'auto-identification, il est évident que ma bibliothèque est la matrice de mon identité, qu'elle exprime les linéaments de mon âme. De ce fait, l'antique injonction du « Connais-toi toi-même » devient presque impossible à réaliser, puisqu'une bibliothèque est, par définition, un labyrinthe dans lequel on est toujours perdu. Je n'ai donc pas été vraiment surpris d'apprendre récemment que Fritz Saxl, directeur de la légendaire bibliothèque de l'historien de l'art Aby Warburg, avait prévu d'en publier le catalogue, qui aurait constitué, à titre posthume, le dernier volume des œuvres complètes, arguant que ses écrits et sa bibliothèque participaient de l'unité de sa pensée. J'irais même plus loin, en insistant sur le fait qu'une bibliothèque est une forme d'inconscient de la personne, même quand de nombreux livres n'ont pas été lus. (*Surtout*, peut-être, quand ils n'ont pas été lus.) D'ailleurs, comme beaucoup d'auteurs, j'ai du mal à faire la différence entre lire et écrire. Je lis un stylo en main ; j'écris avec un livre en tête. Je rejoins totalement Walter Benjamin quand il dit, dans son très bel essai intitulé *Je déballe ma bibliothèque*, que certains auteurs écrivent parce qu'ils sont fondamentalement insatisfaits de tous les livres qu'ils ont lus sur un sujet donné, ce qui laisse entendre que le contenu des rayonnages qui contiennent mes publications personnelles constitue un commentaire sur le reste de ma bibliothèque. Parmi les citations, les notes de bas de page et les allusions qui parsèment mes écrits, quatre-vingt-dix-neuf pour cent ont leurs sources dans ma bibliothèque. Mes propres œuvres sont donc une sorte de distillation ou de sublimation de leur environnement : livres, œuvres d'art et souvenirs confondus. Où que je sois, je m'installe pour écrire, avec les quelques ouvrages qui m'accompagnent, et, dans ma tête, toute une bibliothèque fantôme. Irais-je jusqu'à dire qu'une bibliographie est une destinée ?

Deux espaces que j'ai toujours chéris plus que tout sont les bibliothèques et les musées, que j'ai recréés sous une forme hybride dans *ma* bibliothèque-musée, où l'archéologie des acquisitions, la scénographie de la présentation et la progression du discours offrent non seulement des indices sur mes systèmes de croyance et de connaissance (dont je ne pourrai jamais espérer sonder la complexité, les contradictions ni les limites), mais aussi des juxtapositions heureuses d'objets qui tantôt ressemblent à un collage surréaliste, tantôt s'entrechoquent au point de fracturer toute idée préconçue, mais toujours disloquent les distinctions que l'on établit habituellement entre art, artisanat, artefact et symptôme. Les merveilles de la juxtaposition se trouvent manifestées dans les bibliothèques. Il en est de même des aléas des catégories. Les livres peuvent être classés par auteur, titre, sujet, langue, éditeur, date de publication, et même par taille (pour gagner de la place) ou couleur (ce dernier mode de classement étant beaucoup plus courant qu'on ne le pense, pour des raisons décoratives). Chacun de ces choix suit une certaine logique, et chacun a des conséquences intéressantes. Je me demande si mon système actuel de classification survivra au voyage imminent, si bref soit-il. Je commence déjà à angoisser en pensant aux effets du déballage de ma bibliothèque.

L'espace de ma bibliothèque-musée mériterait le nom d'étude, dans toutes les acceptions du terme : au sens de pièce consacrée à la lecture et à l'écriture, d'étape préparatoire à la création d'une œuvre, ou de genre artistique à part entière, par exemple quand on parle d'« étude de nature morte ». Or, en raison de l'imminence du déménagement, mon Athénée est en cours de démantèlement : les liens qui maintenaient les livres ensemble sont rompus, ce qui, étymologiquement, veut dire qu'ils sont *analysés*. Le calcul initial est mathématique, c'est une simple division : pour transporter ma bibliothèque, il me faudra environ trois cents cartons de bouteilles de vin. (Il est étonnant de constater à quel point les bibliothèques peuvent migrer, quand on pense au volume et au poids qu'elles représentent.) Je dois préciser, pour ne pas induire le lecteur en erreur sur le sens de cet essai, que mon travail sur la bibliothèque est entrecoupé de nombreuses autres activités en lien avec le déménagement, activités qui, bien que nécessaires, m'apparaissent surtout comme des distractions. Emballer, c'est aussi déballer. Ainsi, l'autre jour, tandis que je triais le contenu d'un tiroir que je n'avais probablement pas ouvert depuis quarante ans, à ma stupéfaction a surgi, bien protégé dans son linceul, Teddy !, mon premier et mon plus cher ours en peluche. Il m'a paru un peu ébouriffé, mais quoi d'étonnant après une hibernation de quarante ans ! C'est une réincarnation particulière dans la famille des ursidés !

Teddy a émergé avec une assurance qui m'a surpris, retrouvant la lumière du jour après quatre décennies d'obscurité. Difficile de dire si c'était un réveil ou une résurrection. Sa souplesse, sa rapidité et sa détermination démentaient sa condition physique qui était, disons-le, assez pitoyable. (Il avait été opéré de l'œil droit, ce qui était étrange, car je venais d'être opéré d'un décollement de la rétine, et il souffrait, comme moi, d'une cataracte à l'œil gauche.) Il s'est immédiatement aménagé un trône composé d'un bonnet de ski rempli de galons finement tissés, qui a rapidement occupé le profond fauteuil club en cuir de ma bibliothèque. Curieusement, il se trouvait placé juste en dessous d'une reproduction d'une des dernières gravures de Goya, *Le Petit Prisonnier,* un homme enchaîné, déshumanisé, réduit à une tache d'encre. J'ai vite compris que le geste de Teddy était moqueur, sardonique, vengeur : sans doute l'expression d'un profond ressentiment motivé par sa longue incarcération.

J'adore faire des listes, et l'analyse de ma bibliothèque m'en a inspiré de plusieurs sortes : les coups de cœur redécouverts et immédiatement relus ; les livres bannis, non pas mis au rebut, mais conservés sur une étagère spéciale en souvenir de mes choix malheureux (par courtoisie pour les auteurs, je ne dévoilerai pas ces titres) ; des raretés, des livres qui ont pris de la valeur avec le temps, mais comme je ne suis pas un bibliophile à proprement parler ni particulièrement intéressé par l'argent, leur revalorisation ne me procure aucun plaisir ; et une liste des cent livres essentiels de ma vie – aboutissement d'un intense échange épistolaire avec mon cher ami et collègue de longue date P. sur l'idée que l'on se fait de sa bibliothèque et de soi-même –, une petite sélection protégée contre la peur de la perte, qui me hante depuis que j'ai lu l'unique roman d'Elias Canetti, *Auto-da-fé,* dont le point culminant est l'incendie d'une fabuleuse bibliothèque privée. À l'époque, je connaissais déjà les célèbres précédents historiques, comme l'incendie de la grande bibliothèque d'Alexandrie – effacée de la surface de la terre, mais aussi, presque complètement, de la mémoire humaine –, si bien décrite par Luciano Canfora dans *La Véritable Histoire de la bibliothèque d'Alexandrie* ; et, bien sûr, de la mémoire de personnes encore vivantes, le terrible holocauste (littéralement « entièrement brûlé ») de vingt mille livres, détruits par les nazis en une seule nuit, le 10 mai 1933, sur la Bebelplatz, à Berlin. Parmi les auteurs ainsi honorés par ce bûcher figurait Walter Benjamin. L'affirmation terriblement prémonitoire de Heinrich Heine continue de résonner en moi : *Dort wo man Bücher verbrennt, verbrennt man auch am Ende Menschen* [« Là où ils ont brûlé des livres, ils brûleront des gens »], et je ne peux relire *Je déballe ma bibliothèque* de Benjamin sans penser au rôle que la perte de sa chère bibliothèque a joué dans son suicide. (Ou peut-être, comme pour Vincent Van Gogh et Antonin Artaud, devrait-on plutôt dire qu'il a été « suicidé par la société ».) Sigmund Freud – dont les livres ont aussi été consumés dans le même autodafé – a eu une réaction plus mesurée et plus sarcastique : « Quel progrès ! Au Moyen Âge, on m'aurait brûlé. Aujourd'hui, on se contente de brûler mes livres. » Il a eu la chance de mourir en 1939, avant de prendre conscience de sa terrible erreur de jugement.

Holocauste, entièrement brûlé : on ne pense à la totalité d'une bibliothèque que lorsqu'elle est décrite, cataloguée, déménagée, vendue… ou brûlée. Cette totalité, sans valeur d'usage immédiate pour le lecteur ou pour l'auteur, reste généralement une abstraction qui n'émeut guère. Personnellement, étant à la fois un enfant de survivants et un amoureux des livres, je suis très ému par le mémorial consacré à cette horrible nuit, « La bibliothèque vide », créé par Micha Ullman en 1995 sous la Bebelplatz – une bibliothèque souterraine comprenant un nombre suffisant d'étagères vides pour contenir les vingt mille volumes disparus – que je visite sans faute chaque fois que je me rends à Berlin, seul et de nuit, guidé de loin par le faible rayon de lumière qui émane de ses profondeurs.

★

Un matin, en me réveillant, j'ai trouvé Teddy avec un compagnon (ou était-ce un démon familier, ou un domestique, ou un esclave ?) en travers de sa jambe : un pique-épingles en chiffon, étrange et inquiétant, surgi d'un autre tiroir où il se cachait, une sorte de Pulcinella miniature, échappé peut-être d'un spectacle de la *commedia dell'arte*. Teddy-Arlequin. Leur relation semblait plutôt sinistre, et elle m'évoquait de mauvais souvenirs. À l'âge de quatre ans, j'ai subi ce qui a dû être le premier traumatisme de ma vie : en rentrant chez moi un soir, endormi dans les bras de ma mère, j'ai découvert à mon réveil que Teddy avait disparu. Devant mon désespoir, tandis que je pleurais, inconsolable, mes parents ont demandé à un groupe d'amis de partir à sa recherche. On a retrouvé Teddy une heure plus tard, assis sur le trottoir en face de notre appartement, arborant un étrange sourire. C'est seulement aujourd'hui que je prends conscience de la profonde cruauté de sa disparition.

J'ai raconté cette histoire de nombreuses fois, signe certain que le traumatisme de cet événement ne s'est jamais totalement dissipé. Chaque fois, je l'embellissais pour mieux me distancier émotionnellement de la blessure psychique, mais, après toutes ces décennies, la cicatrice persiste. Teddy aussi porte de nombreuses cicatrices, mais j'en ignore les causes. J'ignore aussi quels sont ses plans pour sa nouvelle vie, tandis qu'il se repose, contemplatif, dans ce qui a longtemps été mon siège préféré.

Le lendemain, j'ai découvert Teddy et son comparse entourés d'une flopée de nounours. Je ne pensais pas qu'il y avait autant de nounours dans les environs, et j'ai soupçonné Teddy de faire venir des étrangers pour se faire valoir. Ils sont rapidement repartis, mais les choses ont pris une tournure plus inquiétante encore quand j'ai constaté que Teddy réunissait et réorganisait toutes les créatures inanimées à sa portée : une poupée Daruma rondelette, qui semble être sa confidente ; une pile de fossiles de trilobites et d'exosquelettes d'arthropodes ; de nombreuses fèves en porcelaine représentant l'Enfant Jésus, issues de galettes des rois (Teddy sait-il que j'ai monté un spectacle de théâtre d'objets, *Mes poupées*, avec ces fèves qu'il s'est désormais appropriées ?) ; une figurine miniature en porcelaine de Frozen Charlotte (inspirée par le poème du XIXe siècle aux connotations résolument nécrophiles, « Un cadavre va au bal »), qui rappelle en quelque sorte les jeunes femmes des *Belles Endormies* de Yasunari Kawabata, et qui témoigne d'un étrange érotisme, d'une bestialité ursine.

Dans *Psychanalyse des contes de fées*, Bruno Bettelheim soutient qu'il ne faut jamais lire aux enfants des contes de fées dans des versions illustrées, afin que chaque enfant laisse libre cours à son imagination et donne corps aux personnages en fonction de ses fantasmes. J'ai envie d'en dire autant des bibliothèques privées : il n'est pas nécessaire d'en révéler le contenu ; pour les découvrir, il faut les parcourir sans guide, car chacune a ses singularités, voire ses excentricités. C'est pourquoi, dans un texte entièrement consacré aux livres, il sera si peu question de titres. Les quelques-uns que je cite rejoindront bientôt tous les autres dans l'obscurité de leurs cartons d'emballage. Pour combien de temps exactement ? Je l'ignore.

*

En me réveillant, juste avant l'aube, j'ai trouvé Teddy à la fenêtre ; il parlait dans une langue lugubre et incompréhensible à un parlement de hiboux.

II

L'ombilic des rêves

... notre émotion ne traduit peut-être que de la poésie perdue.

GASTON BACHELARD,
La Poétique de l'espace

Jamais dans mon enfance je n'ai vécu dans une maison avec grenier. Je n'irai pas jusqu'à dire que ça pourrait expliquer la partie manquante de mon âme – je crois que les humains sont des créatures fondamentalement incomplètes –, mais c'est pourquoi sans doute je rêve de tours, dans lesquelles je n'ai jamais habité. Bien qu'ayant été un lecteur insatiable dès mon plus jeune âge, je ne me souviens pas à quel moment j'ai rencontré le terme assez méprisant de « tour d'ivoire » ; j'étais particulièrement sensible à ce genre d'affront, tout en n'ayant aucune idée de ce qu'il pouvait y avoir d'indigne dans une tour faite de ce noble matériau (qui n'était pas encore écologiquement protégé). En découvrant de véritables tours d'ivoire dans les splendides reliquaires médiévaux du Metropolitan Museum of Art, à New York, ma fascination n'a fait que se confirmer, même si ma perplexité quant à la signification du terme restait entière. Je me suis rendu compte que l'expression était devenue un cliché tellement éculé que je n'aurais probablement pas écouté quiconque aurait voulu m'en expliquer l'origine. Bien des années plus tard, toutefois, alors que je faisais des recherches à la Bibliothèque nationale de France pour *Le Livre bouffon*, le roman que je préparais sur Baudelaire, j'ai découvert l'origine de l'expression. Sainte-Beuve – le critique littéraire qui a fini par trahir son ami Baudelaire lors de la tentative malheureuse de ce dernier pour être élu à l'Académie française – a parlé de « tour d'ivoire » pour critiquer la position du poète Alfred de Vigny, qu'il jugeait politiquement non engagée. Vigny (l'un des rares écrivains à avoir véritablement encouragé Baudelaire) prétendait en effet que sa « tour d'ivoire » n'était qu'une minuscule tour de pierre, un nid de hibou, seul point élevé d'une modeste ferme des Charentes. Le silence de ce domaine le déprimait fortement, la vue plus encore, et, de retour à Paris, il a déclaré : « Ma tour est intérieure, comme tout beau château de rêve. »

Durant ces semaines interminables passées à la BNF, où j'ai tenté de lire tous les documents du XIXe siècle consacrés à Baudelaire, je me suis senti – pour la première et unique fois de ma vie – véritablement hanté. Un peu plus tard, en relisant les notes de Walter Benjamin publiées à titre posthume sous le titre *Passagen-werk* [*Le*

Livre des passages], je me suis rendu compte que le philosophe allemand, également sur les traces de Baudelaire, avait naguère tenu en main ces mêmes livres tandis qu'il assimilait mentalement l'histoire moderne de la ville qu'il aimait tant et qu'il allait bientôt perdre à jamais. Cette ville où j'allais passer la moitié de ma vie d'adulte.

*

Quarante ans ! Non pas les quarante jours et quarante nuits de la Bible, mais quarante années ! L'hibernation de Teddy était un acte mythique. Lui-même ne commente pas cette période de sa vie, dont je me sens en grande partie responsable, mais je peux supposer plein de choses. Les greniers n'existent pas dans l'imaginaire de Teddy, qui est vraiment une créature des cavernes. Comme tous ses congénères, il est entier, en accord avec lui-même, ou du moins il semble l'être, comme l'ours champion d'escrime dans *Sur le théâtre de marionnettes* de Heinrich von Kleist, qui pare chaque coup et n'est jamais pris au dépourvu par une feinte. Une telle plénitude psychique est certainement un grand atout pour bien dormir. Et quel sommeil ! Une hibernation légendaire ! A-t-il choisi sa place en sachant ce qui l'attendait, ou est-ce la perfection de son environnement qui l'a entraîné dans cette somnolence immodérée ? Un paysage boisé familier, au milieu duquel se dresse une maison chaleureuse, dotée de tout le confort et sous laquelle se trouve une cave tranquille contenant l'annexe de ma bibliothèque, y compris la commode qui abritait Teddy, emmailloté dans des vêtements qui le protégeaient mais qui, avec le temps, sont passés de mode. J'ai failli dire « consacré », car Teddy a très certainement rejoint le panthéon des avatars de Morphée.

Je m'interroge sur les rêves de Teddy. Le monde onirique est un monde atténué, conditionné par les résonances entre les stimuli externes et les rythmes des processus métaboliques. Une chose m'étonne depuis longtemps : quand je dors sur le dos, c'est comme si je m'ouvrais sur le ciel nocturne, sur les cieux, dans un lien quasi mystique avec le cosmos ; si en revanche je me retourne sur le ventre, la tête enfoncée dans l'oreiller, je descends dans un monde souterrain, dans des profondeurs ontologiques – le domaine de Teddy –, nourri par ce qu'Antonin Artaud a appelé « l'ombilic des limbes ». Il est stupéfiant que l'on puisse, simplement en se retournant dans son lit, transformer sa vision du monde et passer d'une découverte céleste dépassant de loin les fantasmes des astronautes les plus aventureux à une introspection sombre et mystérieuse, plus profonde que celles de saint Augustin, de Montaigne ou de Proust. Pour le rêveur, comme l'a montré Freud, le corps *est* le monde du rêve, ou plus exactement un système de symboles pour représenter le monde. Le rêveur est un monde, il est *le* monde, l'univers… voire Dieu. C'est là, bien sûr, la source de toutes les contradictions, des antinomies mêmes de l'existence. Le monde comme volonté et comme illusion. Mais le monde du rêve n'est qu'un tiers de notre monde, et un tiers fragmentaire, car nous nous réveillons chaque matin, à des heures plus ou moins régulières, et à partir de cet instant, les merveilles et les horreurs, les épreuves et les tribulations, et toutes les fantasmagories de la nuit se dissipent en même temps qu'apparaît la lumière du jour.

En état d'hibernation, le métabolisme est considérablement ralenti, et, dans le domaine protégé de Teddy, le monde extérieur était maintenu à distance. La température était presque constante, augmentant un peu entre l'hiver et l'été, pour redescendre selon une courbe presque imperceptible. Les sons étaient étouffés : le ronronnement de la chaudière, dont le timbre et la durée se modifiaient en fonction des saisons ; le gargouillis de l'eau dans les tuyaux, transformé peut-être en sons d'un ruisseau de montagne ; des pas feutrés, comme sur un lit d'aiguilles de pin, culminant généralement avec le bruit d'une page que l'on tourne doucement, telle une brise dans la forêt ; le grondement occasionnel d'un tonnerre lointain ; le bourdonnement d'une guêpe égarée. Une musique proche de *Coptic Light* de Morton Feldman, mais plus lente, incommensurablement plus lente, avec des modulations si subtiles que des mois s'écoulent parfois avant que l'on puisse remarquer le moindre changement. Il est rare que les rythmes de l'environnement s'accordent aussi bien à ceux du corps. Un monde composé de presque rien, loin du nôtre, aussi loin que la barbe à papa l'est de la canne à sucre.

Quand j'essaie d'imaginer cette musique merveilleusement soporifique, je prends conscience de ses pouvoirs hypnotiques, qui permettent précisément ces états de rêve où nous nous détachons des liens terrestres. Combien de fois ai-je flotté dans mes rêves, plané à quelques centimètres au-dessus de la terre en parcourant un paysage sans effort ? Combien de fois ai-je pris Teddy par la main et l'ai-je fait voler à travers son royaume ? Le corps du rêveur étant le monde, les paysages oniriques accordent les stimuli du monde aux rythmes corporels. Dans le cas de Teddy, le corps et le monde n'envoyaient qu'un minimum de signaux, ce qui favorisait les rêves ursins. Un monde réduit à ses simples contours, comme des traces calligraphiques qui s'effacent dans la blancheur d'un papier de riz, où l'on ne distingue plus la brume, le brouillard, la neige, le ciel de la simple surface du papier. Quelque chose qui se rapproche du *presque-rien* du philosophe Vladimir Jankélévitch. Un minimalisme qui fondait l'existence de Teddy en une hibernation prolongée, un monde presque vide : tranquillité, douceur, lenteur.

L'ambiguïté iconographique du vide préoccupe l'art occidental depuis des siècles, au moins depuis la peinture baroque, où la pure transparence d'un ciel azur sans nuages évoque une forme de dématérialisation, un imaginaire sans images qui tend vers l'infini, vers l'incommensurabilité même de Dieu. Cette déclinaison métaphysique, qui part du bleu pour aller vers la décoloration, puis vers la profondeur infinie et le vide, est un exemple d'iconoclasme au cœur même de l'image, tel un symbole insondable de transcendance. Il en résulte ce que Gaston Bachelard appelle une « sublimation intime absolue ». À l'instar du poète symboliste Saint-Pol-Roux qui, chaque fois qu'il allait se coucher, suspendait une pancarte à sa porte portant les mots « Ne pas déranger – poète au travail », Teddy, dans ses décennies de réclusion, a travaillé dur en présence de Morphée, ne cessant d'affiner les contours du monde.

*

Bien avant que je ne me prenne d'amour pour les tours, je dessinais des grottes. Je ne peux dire si elles m'attiraient ou si je les craignais, mais, aujourd'hui encore, j'hésite à descendre sous terre de quelque manière que ce soit. Même une pierre enfoncée dans le sol, je n'aime pas la retourner. Et pourtant, tout petit, âgé de cinq ou six ans, j'ai commencé mes premiers dessins « architecturaux » : des dessins en coupe d'un flanc de montagne, avec des grottes de plus en plus petites à l'intérieur d'autres grottes creusées dans la terre, aménagées en habitations meublées d'apparence très militaire. Un psychanalyste parlerait d'un désir de retour dans l'utérus, ce qui explique peut-être que la psychanalyse n'a pas vraiment inspiré une critique architecturale convaincante : il est certainement plus facile de parler d'archétypes que de prototypes, de régression que de sublimation. Difficile de dire si c'étaient des fantasmes de protection ou d'exploration. Et il m'est impossible de me souvenir s'il s'agissait de fantasmes personnels, ou si je les ai dessinés sous la tutelle de Teddy, guidé par ses propres besoins (obscurs pour moi à l'époque). J'en vois aujourd'hui l'extrême rigidité, avec une disposition du mobilier qui laisse peu de place à la spontanéité, un peu comme dans l'ordre imposé que j'ai connu des décennies plus tard dans les bâtiments de Le Corbusier où j'ai brièvement résidé – la Fondation suisse et la Maison du Brésil à la Cité universitaire à Paris, et la célèbre Cité radieuse à Marseille, où le mobilier immobilisé fait partie intégrante d'un logement conçu pour une efficacité maximale. Chaque fois, j'ai constaté que l'espace ne correspondait ni à mon corps ni à mes dispositions. Je ne suis certainement pas un Modulor – Teddy encore moins – et je me souviens avec jubilation d'un bas-relief de cette icône à la Cité radieuse, fissurée par l'âge, décolorée, en ruine, telle l'allégorie appropriée d'un symbole navrant et obsolète.

★

Les années 1950 – l'époque de mon enfance – ont été une ère apocalyptique, différente de toutes les précédentes, car nous vivions sous la menace d'un anéantissement thermonucléaire instantané et total. Je me souviens des exercices de sécurité à l'école : on nous expliquait qu'en cas d'attaque nucléaire nous devions plonger sous nos petites tables et nous couvrir les yeux avec les mains pour nous protéger de l'éclair de l'explosion. La pensée d'une classe d'adorables enfants de sept ans se livrant à cette stupidité a de quoi faire pleurer. C'était aussi l'époque des abris antiatomiques (qui peut oublier leur apothéose dans le film le plus inquiétant et le plus hilarant qui soit, *Docteur Folamour*!), et rétrospectivement, je suis certain aujourd'hui que mes dessins rupestres ont été en partie inspirés par les peurs que l'on nous instillait quotidiennement. Repenser à cela aujourd'hui – une version actualisée du massacre des Innocents, dans laquelle je faisais partie du tableau – me donne des frissons et, en même temps, m'horripile. Quand je pense que mes parents – qui avaient échappé aux ghettos, aux camps et aux horreurs innommables de la Shoah – ont tout fait pour m'épargner les vérités de mes origines et me permettre de vivre une vie heureuse, tandis qu'un pays entier s'efforçait de nous convaincre, pour des motifs politiques grossiers, de notre disparition imminente, je comprends la fureur qui a envahi mon âme. Avec mes dessins architecturaux, peut-être voulais-je me protéger de mes compatriotes autant que des ennemis de la nation ? Dois-je y voir l'origine de mon scepticisme ? De mon pessimisme ? De mon cynisme ? De ma paranoïa ?

Des décennies plus tard, j'ai découvert l'art pariétal paléolithique des célèbres grottes de Dordogne – les Combarelles, Font-de-Gaume, Pech Merle et d'autres –, des salles qui m'ont semblé d'abord être des mondes étrangers, mais qui sont en fait les origines du nôtre. Je ne peux m'empêcher, *mutatis mutandis*, d'inscrire les naïves ébauches de mon enfance dans cette lignée. Peut-être existe-t-il un rapport entre ces espaces préhistoriques sacrés et la fantasmagorie dont rêve Teddy dans sa tanière, car l'ours, on le voit bien, est l'un des animaux les plus représentés dans l'art pariétal du paléolithique européen, ce qui n'est pas vraiment surprenant. (En revanche, on ne connaît qu'une seule chouette, dans la grotte Chauvet-Pont-d'Arc, « la grotte des rêves oubliés » en Ardèche.) Il y a quelques années, en écoutant une remarquable conférence sur l'écologie acoustique donnée par la compositrice et théoricienne du son Katerina Tzedaki, j'ai compris la profondeur, certes involontaire, de mon architecture. Pénétrer dans une grande grotte est acoustiquement comparable à entrer dans une cathédrale : le silence feutré concentre tous les sons, le vaste espace vide et les murs massifs créent écho sur écho dans une résonance hiératique, transcendantale. À mesure que l'on s'enfonce dans des salles de plus en plus petites, l'environnement acoustique change, tout comme les émotions et les rituels qui leur sont associés. Plus on s'éloigne du monde extérieur, moins il y a de bruit ambiant ; plus l'espace est petit, moins il y a de résonance, jusqu'à ce que l'on atteigne la grotte la plus profonde, une impasse, où règne un silence total, une stase sonore qui évoque la mort. *Silence* = *Mort*. C'est précisément là, pense-t-on, que se déroulaient les rites les plus sacrés en l'honneur des morts, peut-être dans des transes chamaniques proches de la mort elle-même.

*

Tel un chaman qui sort de sa grotte, Teddy a fini par renaître, mais je ne saurais dire quelle sagesse il a acquise entre-temps. Je pense qu'il n'aimerait pas les grottes que j'ai conçues, trop spartiates ou trop martiales, l'antithèse du confort immodéré dont il a bénéficié pendant des décennies. D'ailleurs, il serait hors de question que moi-même j'y pénètre ; cette seule pensée fait remonter à mon esprit les abominations du siècle dernier. Je fais mon possible pour me désolidariser de ces dessins et en attribuer la responsabilité à l'inconscient collectif, seule façon pour moi de préserver l'honneur de l'enfant que j'étais à six ans. J'en veux pour preuve tout ce que j'ai produit depuis, bien que la part architecturale de ma production reste mince. Et, bien sûr, je continue d'espérer obtenir l'approbation de Teddy.

Il existe un célèbre *kyōgen* (l'entracte comique entre les actes d'un spectacle nô) intitulé *La Danse de Jizō*, une saynète sur un moine errant qui demande un abri pour la nuit, mais essuie un refus, car il était strictement interdit de loger des voyageurs. À force de supplications, toutefois, le propriétaire accepte d'accueillir au moins le précieux chapeau de paille du moine. Et peu après, comme par magie, le moine apparaît sous le grand chapeau, arguant que, tant qu'il reste dessous, c'est le chapeau qui l'abrite, et non la maison. La loi est donc respectée. Amusé, le propriétaire accepte l'arrangement et, en remerciement de sa gentillesse, le moine exécute une danse, qui constitue le final de la pièce. J'ignore si Teddy est un adepte du zen, mais je suis certain que le Daruma qui l'a mystérieusement rejoint et qui partage désormais sa minuscule demeure (le bonnet de ski tricoté) connaît cette saynète par cœur. Et dans l'esprit du véritable humour zen, il se réjouit de vivre non pas sous un bonnet transformé en abri, mais *dans* un bonnet. On pourrait être tenté d'analyser la résidence de Teddy en invoquant cette branche de la philosophie qu'est la « théorie des mondes possibles », et de parler de mondes imaginaires « meublés » et « non meublés », mais son royaume est bien réel, et la taille, nous le savons, est une notion relative.

Je n'ai aucune idée de ce qui se passe dans le logement très confiné où séjournent Teddy, Daruma et le déconcertant pique-épingles dont l'identité et l'origine demeurent totalement mystérieuses ; de même, j'ai d'autant moins idée de ce qui se passe dans la tête de Teddy que les trois personnages ne sont que trois incarnations du mutisme. J'ai d'ailleurs longtemps pensé que Daruma et l'effrayant pique-épingles étaient de simples objets inanimés, jusqu'à ce que je constate qu'ils se déplacent avec une lenteur extraordinaire, comme ces neurasthéniques qui mettent une demi-heure entre le moment où ils commencent à tendre la main pour prendre un stylo et celui où ils le saisissent, ce que j'appellerais en termes plus littéraires le syndrome d'Oblomov, d'après le roman d'Ivan Gontcharov, où il faut cinquante pages au protagoniste hyperboliquement paresseux pour quitter son lit et atteindre sa chaise. En fait, je m'interroge même sur la réalité de Daruma, qui a passé neuf ans à fixer le mur d'une grotte et qui, s'étant brièvement endormi au cours de la septième année, s'est immédiatement coupé les paupières pour éviter qu'une telle indiscrétion ne se reproduise. Sa présence serait-elle une nouvelle incarnation de Bodhidharma, qui aurait vu dans son interaction avec Teddy une voie vers le salut de l'humanité ? Dans ce cas, le réveil de Teddy ne serait-il pas moins une résurrection qu'une forme de réincarnation, ou d'éveil ? Daruma est-il une émanation de l'esprit de Teddy, née d'un sentiment de culpabilité pour avoir dormi si longtemps, ou de la ferveur religieuse d'avoir trouvé un compatriote qui complète, par pure antithèse, sa longue léthargie ? Ou Teddy a-t-il choisi, pour des raisons purement pragmatiques, un adepte dont l'état d'éveil sera un gage de vigilance au cas où lui-même s'enfoncerait à nouveau dans un long sommeil ? Ou Daruma n'est-il qu'un compagnon de beuverie ? Quant au sinistre pique-épingles, je ne tenterai même pas de spéculer, de peur de ce que je pourrais trouver, mais si je pense aux innombrables piqûres qu'il a reçues et tortures qu'il a endurées tout au long de son existence, son ressentiment doit être immense.

À première vue, il pourrait sembler facile d'interpréter un monde qui compte si peu d'éléments : un bonnet, trois occupants, huit galons. Pour le décrire, on pourrait penser à un tour de magie facile, à une scène d'un théâtre pour enfants défavorisés tout droit sortis de Dickens, ou à un addendum à *De l'autre côté du miroir*, plutôt qu'à l'évocation d'un monde dans son entièreté. Mais c'est un monde grandiose, une transposition du ciel et de la terre, une *coincidentia oppositorum*, un *Corpus Hermeticum* pour notre temps. Les yeux de Teddy sont une allégorie de ce conflit primitif : l'un voit droit et clair, avec l'acuité d'un aigle, l'autre de côté et de travers ; approbation et désapprobation dans le croisement des yeux, une double contrainte perpétuelle qui touche tout ce sur quoi son regard se pose. Est-il possible d'interpréter un monde où tout est déjà son double, son contraire ? Le calcul devient impossible, et à cette seule idée, je me sens déjà perdu dans un labyrinthe d'exégèses infinies !

Cosmos ou chaos ? Qui peut le dire ? La question dépasse les capacités de l'entendement humain ! Les galons sont-ils des vestiges d'uniformes militaires ou de vêtements ecclésiastiques, les restes frivoles d'une garde-robe d'écolière, les traces d'une frise semblable à celle de la tour des Vents sur l'agora d'Athènes, où les divinités des huit vents trouvaient une forme allégorique dans la pierre immobile, ou encore des bandes de code informatique, d'une forme nouvelle et très sophistiquée ? (Le fait que l'un de ces galons présente des motifs qui ressemblent vaguement aux glyphes rongorongo de l'île de Pâques, aujourd'hui indéchiffrables, et qu'un autre porte ce qui pourrait être des runes, ouvre la possibilité d'une signification mystérieuse.) Ou ont-ils simplement été trouvés parmi d'autres vêtements dans le logement que Teddy a si longtemps occupé et qui ne sont plus aujourd'hui que des souvenirs de sa nuit démesurée ? Ou s'agit-il d'un matelas commode, comme le nid que s'aménage une souris à partir de matériaux collectés au hasard ? En définitive, il m'est impossible de dire si le domaine de Teddy, son monde dans un bonnet, est cosmos ou chaos.

Mais alors, qui peut faire la différence entre une organisation cachée et ce qui ressemble à une accumulation aléatoire ? Qui peut distinguer l'objet de l'allégorie, la réalité du symbole ?

Je ne peux m'empêcher de penser ici à cette image extraordinairement frappante et merveilleuse des ruines d'une collection telle que décrite par Joseph de Maistre dans *Les Soirées de Saint-Pétersbourg* : « On peut se former une idée parfaitement juste de l'univers en le voyant sous l'aspect d'un vaste cabinet d'histoire naturelle ébranlé par un tremblement de terre. Des coquillages ont roulé dans la salle des minéraux, et le nid d'un colibri repose sur la tête d'un crocodile. Cependant, quel insensé pourrait douter de l'intention primitive, ou croire que l'édifice fut construit dans cet état ? L'ordre est aussi visible que le désordre ; et en se promenant dans ce vaste temple de la nature, l'œil rétablit sans peine tout ce qu'un agent funeste a brisé, ou faussé, ou souillé, ou déplacé. Il y a plus : regardez de près, et déjà vous reconnaîtrez une main réparatrice. Et, dans la confusion générale, une foule d'*analogues* ont déjà repris leur place et se touchent. » Agent mortel ou force créatrice ? Catastrophe ou poésie ? Absurdité ou allégorie ? Quoi qu'il en soit, la main réparatrice de Teddy a remis de l'ordre dans les choses. J'espère mesurer mes idéaux à l'aune des siens, en me souvenant du rôle essentiel qu'il a joué dans mes années de formation, ce dont je lui serai éternellement reconnaissant. Je dois commencer aussi à réorganiser mon bureau – ou devrais-je dire désormais ma « tanière » – en fonction de ses besoins et de ses caprices.

★

J'ai parfaitement conscience des dangers que présente un raisonnement par analogie, de même que je suis conscient des joies de l'allégorie, qui atteignent parfois des sommets de passion mystique. Je resterai discret en n'empiétant pas trop sur le territoire personnel de Teddy (et surtout pas dans sa relation avec Daruma et avec l'insidieux pique-épingles), mais cela ne doit pas m'empêcher de profiter de sa sagacité, de la sagesse de la caverne, pour tenter de mieux comprendre ma condition d'être mortel.

Peu après avoir commencé à enseigner la philosophie à l'université, j'ai trouvé un après-midi, en retournant à mon bureau, la note énigmatique suivante : « *Cosmos* dans le tiroir de droite ». Émerveillé par cette proclamation borgésienne d'une condensation et d'une miniaturisation sans équivalent – une vision microcosmique comme celles que j'allais découvrir des décennies plus tard dans les jardins « zen » japonais, cet univers réduit à quarante coudées –, j'ai vite compris que le message faisait référence en réalité au titre du célèbre roman de Witold Gombrowicz. De même, je devrais éviter de confondre la tanière d'un ours avec ma propre tanière. Un grand ordre, si rationnel soit-il, si louables que soient les intentions, peut être un gros inconvénient, voire un mal. J'ai grandi dans une famille où l'ordre était, sinon étouffant, du moins contraignant et déconcertant. Chaque chose avait sa place, ce qui n'était pas étonnant pour mes parents, compte tenu de la catastrophe à laquelle ils avaient survécu et de l'exil auquel ils avaient été condamnés. Ils souhaitaient à tout prix trouver une place, fonder un foyer, créer un ordre. Plutôt que de me rebeller, j'ai trouvé une solution pratique : un tiroir de bric-à-brac – mon espace de marginalité –, qui allait contenir un fatras de découvertes aléatoires, porte-bonheur, curiosités fascinantes et souvenirs secrets, plus un certain nombre d'objets moins nobles mais tout aussi essentiels, souvent méconnaissables parce que cassés ou incomplets. Qu'on ne s'étonne pas de mon amour pour les notes de bas de page et les folies, les bizarreries et les monstruosités, de tout ce qui est étrange et marginal. Et s'il y a eu une constante au fil des ans, c'est la présence de ce tiroir de bric-à-brac dans ma bibliothèque en perpétuelle expansion, bien que le chaos fantaisiste initial se soit lentement transformé en un oxymore – celui d'un ordre désordonné – à mesure que les merveilles (et les monstres) quittaient leur cachette pour trouver place sur les étagères et sur les murs. Une maison peut être une sorte de chaos, mais un vrai foyer est toujours une sorte de cosmos. La résurgence de Teddy allait bouleverser ces plans bien pensés.

⋆

Le trajet entre la gare de La Charité-sur-Loire et Asnan, un petit village où des amis avaient récemment restauré une maison et une grange, m'avait paru étrangement familier – étrange précisément parce que familier, ce qui n'aurait pas dû être, puisque je n'étais jamais venu dans cette partie de la Nièvre – à la façon de ces événements d'enfance dont on pense se souvenir mais dont, plus probablement, on nous a parlé et qui, à un moment donné, se transforment mystérieusement en souvenirs. Mais le but de la littérature et de l'art n'est-il pas d'arriver à faire sienne l'expérience de l'autre, et vice versa ? « Charmant ! On dirait un tableau de Balthus ! » « Mais le château de Chassy est juste derrière cette colline, près des rives de l'Yonne », répond mon ami R. Effectivement, ancré par ses quatre tours rondes, ce château du XVIIe siècle, occupé par le peintre Balthus de 1953 à 1961, projette autour de lui une aura de pittoresque qui n'aurait peut-être jamais autant attiré l'attention si, pendant une décennie, l'artiste n'avait honoré cette campagne de sa présence.

Je me demande avec quelle fréquence prend corps l'architecture onirique, et dans quelle mesure nos fantasmes constituent nos idéaux ou notre réalité. Quoi qu'il en soit, en voyant une magnifique grange à vendre à Asnan, ma machine à fantasmes a tourné à pleine vitesse. Ou peut-être devrais-je dire qu'elle a été lancée par la matérialité du bâtiment. Tout comme la campagne m'avait été étrangement familière la veille, cette grange ressemblait à une apparition que j'avais imaginée il y a longtemps, à la réalisation d'un désir aujourd'hui oublié. Mes premiers dessins d'architecture, ceux des grottes douteuses de mon enfance, prenaient une forme nouvelle, et cette forme avait un prototype et un nom : *Le Carceri d'invenzione*, les « prisons imaginaires » de Piranèse. Une folie architecturale totale : escaliers, cordes, échelles ; lumière, clair-obscur, ombre ; plates-formes, voûtes, arcs ; vertige, ambiguïté, grandeur. Un espace inutile, irrationnel, sans logique. La grange n'avait pas besoin de beaucoup d'encouragements pour trouver sa nouvelle forme, du moins dans mon esprit. Le mot « forme » est peut-être trop fort, car il frise l'équivoque, la dissimulation, l'informe. La verticalité presque pure de cette grange imposante – totalement fermée au magnifique paysage – était vertigineuse, accentuée par les échelles qui perçaient les greniers à foin (combien de niveaux pouvait-il y avoir ?) pour disparaître dans les étages supérieurs ; l'espace central entre les greniers était ouvert, et le plafond se perdait dans les profondeurs de l'obscurité. Il était impossible d'en déterminer la hauteur, les dimensions, la structure. L'espace était malléable, fluctuant, perplexe, déconcertant. Il inspirait soit la clarification (dans les deux sens du terme : éclairer et expliquer), soit la complexification. J'ai choisi cette dernière option, et j'ai eu envie de transpercer l'espace avec des rampes, des cordes, des escaliers, des plates-formes, créer un inaccessible nid de corbeau en porte-à-faux, un interminable poteau de pompier, et surtout un escalier en colimaçon (mon élément de design fétiche), le tout en acier industriel noir et gris, ponctué çà et là d'un élément rouge. Du pur Piranèse. Une verticalité démesurée. Tout en grenier. Je n'ai pas acheté la grange, mais le fantasme de cet aménagement subsiste en moi.

*

Durant mon enfance, les apparitions de Teddy se sont faites de plus en plus rares, jusqu'au moment où il est passé inaperçu. Il a essayé de participer aux événements de ma vie, mais ce fut peine perdue. Il a simplement disparu, je ne sais ni quand ni où. Ou, pour être parfaitement honnête, peut-être n'a-t-il pas disparu et a-t-il simplement été abandonné. Son monde lui a été enlevé. Teddy a été délaissé. C'est avec une infinie tristesse que je prends conscience aujourd'hui des efforts touchants qu'il a peut-être déployés en vain pour continuer à faire partie de ma vie.

III

Le chant du réveil

C'est une bien piètre mémoire que celle qui se tourne uniquement vers le passé.

LEWIS CARROLL,
De l'autre côté du miroir

Quand j'étais enfant – c'était il y a bien longtemps –, j'avais l'impression de tout savoir sur Teddy, car je le comprenais spontanément avec une empathie entière. Aujourd'hui, j'ai l'impression de ne plus rien savoir sur lui, qu'il m'est devenu presque totalement étranger. Lui, au contraire, semble tout savoir de moi, si j'en crois les quelques indications que j'ai eues sous forme d'allusions, de boutades ou de sarcasmes. Son laconisme est notoire. Comme la plupart des oracles, il parle par énigmes, et elles sont rares de surcroît. Il y a quelques décennies, c'est Teddy qui m'endormait chaque soir ; aujourd'hui, sa vigilance est telle (il ne dort plus) qu'il me réveille chaque jour avant l'aube pour que je me mette au travail sur son « autobiographie ». (Les guillemets sont évidemment de moi.) Aujourd'hui, pour la première fois depuis son réveil, il a demandé à entendre de la musique, notamment *Enfantillages pittoresques*, *Rêveries nocturnes*, *Désespoir agréable*, *Songe creux* et *Vexations* d'Erik Satie. Nous avons bien travaillé toute la matinée.

⋆

Teddy déteste toute allusion à son hibernation prolongée. La majeure partie de son passé échappe donc à toute exploration. Néanmoins, en ce qui concerne mes premières années, non seulement c'est un passé qu'il a partagé avec moi, mais on peut dire qu'il *a été* mon passé. Le mot « complicité » ne suffit pas à décrire notre relation. Pas plus que le terme « alter ego », car il n'était en rien *un autre*. Sur ces années, il estime qu'il n'y a rien à dire, et il ne dit presque rien.

À quatre ans, j'ai été hospitalisé pour une opération bénigne. Bien sûr, Teddy m'a accompagné. Le problème, c'est que j'ai insisté pour qu'il soit avec moi dans la salle d'opération, et je refusais absolument de me déplacer sans lui. Le médecin et les infirmières n'ont eu d'autre choix que d'accepter, et ils n'ont pu me séparer de Teddy que grâce à l'anesthésie générale. Teddy a supervisé l'opération, veillant sur mon sommeil artificiel et sans rêve. Et lorsque je suis sorti de cette brève hibernation factice, il était là, avec moi. Dans le lit à côté du mien, il y avait un bébé chinois. Je ne sais pourquoi je me souviens de ce détail, mais sur le moment, j'ai été fasciné. Il en fallait beaucoup pour détourner mon attention de Teddy – que les infirmières, d'ailleurs, traitaient désormais avec beaucoup d'égards. Parfois aussi, elles m'appelaient « Professeur ».

*

Les origines de Teddy sont obscures. Je suis né dans le Bronx, quartier que Teddy a toujours appelé Rananchqua – le nom utilisé par la tribu des Siwanoy, l'un des peuples Lenape qui vivaient sur ce territoire – et non pas Keskeskeck, appellation que préfèrent d'autres Amérindiens de la région. Il refuse d'expliquer cette préférence, mais j'ai découvert que l'ours était l'un des animaux totémiques des Siwanoy.

Parmi les logements que j'ai occupés, notre appartement du Bronx est le seul qui me soit jamais apparu en rêve ; c'est ma seule habitation onirique, à l'exception d'une grotte, parfois, et de quelques chambres de motel particulièrement sordides. Je me vois parcourir le long couloir d'entrée, regarder par les portes vitrées donnant sur le salon, éviter de m'approcher de l'escalier de secours. Je me demande si cette rémanence visuelle s'explique par le fait que c'est le seul espace que Teddy et moi avons intimement partagé et que, malgré notre longue séparation, il a toujours existé une sorte de télépathie entre nous, une communication astrale entre nos rêves communs et nos désirs partagés. Le *Chant de moi-même* de Walt Whitman commence ainsi :

Je me fête moi-même, je me chante moi-même,
Et ce que j'assume, tu l'assumeras,
Car tout atome qui m'appartient t'appartient tout autant.

Car l'âme émane du corps, et l'amour émane de l'âme. Pour le philosophe Maurice Merleau-Ponty, l'inconscient n'est pas une force, un espace ou une chose intérieure, mais bien plutôt une sorte d'atmosphère ou de sédimentation qui existe en dehors de nous, entre les êtres, dans le monde lui-même, et qui dépend de l'apparence même de notre milieu, de notre espace partagé. Un inconscient collectif non pas fondé sur des archétypes comme celui de Jung, mais formé par les gestes que nous échangeons entre nous dans un monde commun. Mon inconscient était double avant d'être singulier ou collectif : c'était Teddy et moi.

⋆

Le Bronx a fini par perdre de son attrait à cause d'une décision « majestueuse » d'un certain Moses. Notre immeuble était situé le long de la gigantesque tranchée qui allait devenir l'une des nombreuses malédictions qui se sont abattues sur la ville de New York, la voie rapide de Cross Bronx Expressway. Robert Moses est un urbaniste réputé pour avoir été le « maître bâtisseur du XXe siècle », et son influence a été exponentiellement plus grande que celle de n'importe quel architecte : Michel-Ange ou Palladio, Le Corbusier ou Frank Lloyd Wright. Son plan directeur pour la ville de New York prévoyait notamment que Manhattan soit traversé sur toute sa longueur par une autoroute qui devait partir du Bronx et couper Central Park en deux pour aboutir à The Battery : un cul-de-sac au service de sa seule mégalomanie. Seul le plan Voisin de Le Corbusier – un fantasme utopique qui proposait de raser le centre de Paris pour y construire dix-huit immenses tours résidentielles – aurait pu être plus destructeur. Le Corbusier n'a jamais perpétré cet acte de vandalisme, mais l'infâme Moses a mis à exécution la plupart de ses plans (à l'exception notable de cette autoroute de Manhattan), et la tranchée titanesque à laquelle nous étions quotidiennement confrontés a tracé la frontière d'un monde bientôt perdu. La catastrophe qui allait devenir célèbre dans le monde entier sous le nom du South Bronx, l'image même de la ruine et de la désolation urbaines, était en train d'advenir. Mes parents ont compris qu'il était temps de déménager, mais je doute qu'ils aient saisi la terrible ironie de la situation : après avoir tout perdu dans la Shoah à laquelle ils avaient miraculeusement réchappé, ils devaient fuir à nouveau à cause d'une dévastation rebaptisée « progrès » et due à un homme dont le nom se traduit en français par « Moïse ».

★

Quelqu'un, dans ses rêves, a-t-il déjà *monté* les escaliers d'une cave ? On n'y fait que *descendre* dans des ténèbres où vivent des araignées, qui tissent leurs belles et sinistres toiles comme autant de cristallisations de la nuit. Bachelard dit de cette peur : « La cave est alors de la folie enterrée, des drames murés. » Dans les rêves, on ne fait que descendre à la cave, sans jamais en ressortir, de même que l'on ne fait que monter au grenier, sans jamais en descendre. Le caractère définitif de la trajectoire, son sens unique, contribue à donner de la puissance à ces espaces dans notre imagination, comme dans les œuvres de mystère et d'horreur. Le pendule d'Edgar Allan Poe perdrait beaucoup de sa force terrorisante s'il n'y avait pas la fosse.

Notre déménagement du Bronx au Queens s'est fait d'un appartement vers une maison qui possédait une cave, mais pas de grenier. Cette maison ne répondait donc pas aux exigences de la mythologie architecturale même la plus libérale, ni à celles de l'âme la plus indulgente ; c'était ce que Bachelard aurait appelé une habitation oniriquement incomplète. Je ne me souviens pas que Teddy ait aidé aux préparatifs du déménagement, et j'ai beau ratisser ma mémoire sur les années que nous avons passées dans cette maison, je ne me rappelle pas l'avoir jamais vu parmi nous ; j'en déduis donc qu'il a disparu dans la cave. Teddy n'a jamais été l'une de ces étranges créatures non humaines que l'on retrouve dans *Casse-Noisette*, *Coppélia* ou *Petrouchka*. Il était le *heimlich* incarné ; il est donc d'autant plus étrange qu'il se soit réfugié dans le lieu le plus *unheimlich* qui soit. Peut-être l'a-t-il fait pour des raisons pratiques, ne souhaitant tout simplement pas être dérangé. Ou pour ne pas déranger, sentant sa présence superflue. Ou peut-être était-il à la recherche de son inconscient.

Pendant toute ma jeunesse, mes parents ont évité de parler de la Shoah. Et pourtant, il y avait des signes un peu partout : une allusion indirecte, chuchotée sur un ton un peu plus sérieux que d'habitude ; une photo que l'on me cachait discrètement ; les chiffres tatoués sur le bras de certains amis. Comme Teddy, mes parents ont voulu me protéger des horreurs du monde, mais ils ont oublié la cave, qui me terrifiait. Le week-end, alors que mes parents faisaient la grasse matinée et que j'étais seul dans le salon, je verrouillais avec obsession et ténacité la porte de la cave – en vérifiant encore et encore et encore cette entrée vers le monde souterrain. J'étais persuadé qu'il s'y trouvait des monstres. Je n'avais pas la moindre idée de leur nature, ni de leur nombre, ni de leurs intentions, mais ils étaient là. Même s'ils ne se montraient pas, même si (en respectant la logique des rêves) ils ne montaient jamais les escaliers pour envahir la maison, ils étaient en embuscade. Naturellement, je n'ai jamais descendu seul ces escaliers pour pénétrer dans leur demeure. C'est ainsi qu'a commencé une fascination pour les monstres qui a duré toute ma vie et a pris de multiples formes.

Les monstres les plus effrayants de tous, ceux de la cave, ont fini par perdre leur pouvoir de terrifier précisément à cause de leur invisibilité perpétuelle, et j'ai compris un jour qu'ils ne se dévoileraient jamais. Les créatures de *The Thing* ou d'*Alien* sont terrifiantes en raison de l'attente angoissante qui précède leurs apparitions extrêmement brèves, à peine assez longues pour que l'on puisse distinguer leur véritable physionomie, de sorte que l'imagination en conserve une image indéterminée mais horrible. Un monstre qui se révèle entièrement perd une grande partie de sa puissance de choc, et il en est de même d'un monstre qui n'est jamais visible. La réalité ne suffit pas, la seule imagination non plus.

Au fil du temps, les terribles monstres se sont cachés, se déguisant pour continuer à exister dans mon monde devenu entre-temps de plus en plus rationnel et éclairé. Se transformant subtilement, ils ont pris des formes moins terrifiantes : littéraires, artistiques, mythologiques. Et pour assurer leur survie, ils se sont transformés en pitoyables grotesques, en simples *marginalia*. Quand j'ai déménagé à nouveau, cette fois dans la lointaine banlieue pour commencer mon doctorat en philosophie, je me suis retrouvé dans une maison sans angoisses, sans monstres. Ils s'étaient enfuis au-delà de l'horizon dans une sublimation totale ; ils n'existaient même plus en tant qu'apparitions, pas même dans mes rêves. Seulement sur les pages de certains livres d'art illustrés. Jusqu'au jour où j'ai découvert les poupées de Michel Nedjar.

⋆

Par une série de coïncidences étonnantes, j'ai gravi, un jour de 1987, les sept étages d'un immeuble sans ascenseur dans le quartier de Belleville, à Paris – une enclave juive avant la Shoah. Dans les catacombes de Naples et de Palerme, j'avais déjà éprouvé une sensation semblable à celle que j'ai ressentie en pénétrant dans cet appartement mansardé, sauf que ce que j'ai vu en Italie était humain, trop humain. Dans cet espace parisien qui me faisait penser à une grotte, la vue dépassait le stade du morbide pour entrer dans celui de la monstruosité : une petite pièce grouillante de centaines de poupées de chiffon les plus grotesques que l'on puisse imaginer. Autant de formes *sui generis* encore jamais vues et que, très probablement, je ne reverrai jamais : une minuscule momie réduite à presque rien ; le masque d'un démon tourmenté sans yeux ; des poupées composées de linceuls ; des cornes sortant du front d'un étrange crâne anamorphique ; des racines issues d'un corps en chiffon ; une pléthore d'orbites vides. À force de tremper dans la boue, le sang et les excréments, le tout avait pris la couleur générale de la décomposition, baignant dans une lumière effroyable. Ni cosmos ni chaos, mais un monde en perpétuelle déformation, décomposition et recomposition ; des métamorphoses qui dépassent toutes les théories de l'évolution : hybridations fantasques, mutations prodigieuses, confusions des espèces, fusions des genres, catastrophes de la chair. Ambiguïté entre catégories et instabilité ontologique. Voilà ce qui arrive quand la cave monte au grenier : le renversement de l'ordre même du monde. Les poupées de Nedjar sont des incarnations de l'angoisse, des *memento mori*, des reliques du passé et des talismans pour l'avenir ; paradoxalement, ce sont des créations de la mémoire et des souvenirs de l'oubli. Elles témoignent de la Shoah, du sida et de tant d'autres horreurs de notre temps, des temps passés et des temps à venir. Elles opèrent un retour du refoulé, une surcharge précaire du système mémoriel, qui permet de faire un deuil sans lequel l'histoire serait une abomination.

Grâce à ces poupées, une peur inavouable avait enfin trouvé un nom. J'ignore si mes monstres sont nés dans la solitude, l'angoisse, la perplexité ou l'ignorance, mais je sais désormais ce qu'il y avait dans cette cave. Ou du moins, je crois le savoir. Michel Nedjar lui-même pose la question : « Qu'est-ce que c'est qu'une poupée ? » Et il ajoute : « Je ne sais pas en fin de compte ce que c'est qu'une poupée. Ça m'échappe complètement. » Quant à moi, la métamorphose finale est celle par laquelle la poupée devient monstre et le monstre poupée.

*

Après un long oubli, Teddy n'exige plus seulement qu'on se souvienne de lui, il veut aussi qu'on le vénère perpétuellement, qu'on l'exalte. Je me demande quels rites je dois accomplir pour l'apaiser. Tout ce que je peux imaginer sera trop peu ou viendra trop tard.

*

Les sons que j'entendais en provenance de ma bibliothèque ressemblaient à une incantation étouffée, au rythme monotone de « *double, double, toil and trouble* » des sorcières dans *Macbeth*. J'ai jeté un coup d'œil par une fente de la porte, et j'ai vu le mauvais œil de Teddy embrasé par la lueur de la lune. J'ai compris que je ne devais pas entrer. C'était un sabbat des sorcières. Autour de Teddy tourbillonnaient des poupées et des masques, des apparitions d'un autre monde qui n'étaient pas censées être vues par des humains et qu'il orchestrait par des gestes retenus mais féroces. Le petit prisonnier de Goya, désormais libéré de ses liens et réanimé, dansait avec la femme devenue la lugubre faucheuse de l'horrible gravure de Käthe Kollwitz *Battant la faux*, dans sa série sur la *Guerre des paysans*. Quelques hiboux y prenaient part, leur plain-chant faisant résonner un accord interdit. J'ignore comment ils sont entrés dans cette chambre fermée. Je touchais une partie des ténèbres.

IV

L'anatomie du destin

Ni l'enfance ni l'avenir ne diminue…

RAINER MARIA RILKE,
Élégies de *Duino*
(neuvième élégie)

C'est avec crainte et tremblement que je me souviens de l'éléphant gargantuesque qui me dominait de toute sa hauteur. Non seulement cette créature était vraiment colossale, mais elle semblait grossir de plus en plus… ou alors je rapetissais peu à peu. Son corps, comme le mien, était devenu instable, malléable, presque visqueux, et j'éprouvais un sentiment de nausée, de révulsion. Je sentais le goût de sa taille effrayante, une amertume bilieuse. La substance du monde – y compris l'éléphant et moi-même – ressemblait à du mastic. Ou plus exactement à du Silly Putty, cette étrange substance non newtonienne, qui est un solide élastique pendant un temps et un liquide visqueux au bout d'un moment. J'étais simultanément en train de rétrécir et de m'écouler, et bien qu'ayant rapidement perdu tout sentiment d'échelle et incapable de mesurer la disproportion, je savais d'une certaine manière que cet éléphant était une créature impossible, qui s'effondrerait bientôt de son propre poids et m'engloutirait au passage. Le temps n'était rien d'autre que cette horrible distension et contraction des corps. Le temps arrivait presque à sa fin, en s'écoulant à la façon du suintement du mastic.

Je me rends compte maintenant – des décennies plus tard – que Teddy avait essayé de résoudre le problème pascalien des deux infinis en utilisant mon corps comme cobaye. Il avait ses modes d'expérimentation personnels. Je me demande si ses hibernations le mettaient dans un état de privation sensorielle, connu pour provoquer des hallucinations qui permettent de surcompenser psychiquement les perceptions qui se sont perdues dans l'obscurité, l'immobilité et la quiétude d'un milieu isolant. Peut-être l'éléphant qui me tourmentait était-il le résidu d'une telle nuit prolongée, que Teddy recyclait en un instrument scientifique diabolique pour mener ses recherches fondamentales. Car qui sait quelles pensées ont pu naître en lui dans les recoins de sa tanière pendant ces années d'hibernation profonde, en proie à des apparitions hallucinatoires et psychédéliques qui n'étaient que des projections de son corps et de son âme, telles les visions de saint Antoine dans le désert – car les rêves sont des tentations, et la nuit n'est que la scène sur laquelle elles sont représentées –, ou celles du fou que j'ai vu un jour dans le métro parisien, examinant de façon obsessionnelle la paume de sa main, tandis qu'il ne cessait de chanter, encore et encore, ce refrain tellement intrigant : *Trois é-lé-phants dans un bé-ni-tier…*

En d'autres termes, je comprends maintenant comment les hallucinations provoquées par la fièvre ont été à l'origine d'un certain surréalisme, de ce que Salvador Dalí, inspiré par du camembert qui coule lentement, appelait des sculptures hystériques, où le corps se transforme, au gré de ses peurs et de ses désirs, en projections anamorphiques comme des méduses déliquescentes et des montres molles, au point que l'art devient traumatisme et cauchemar. Je comprends aussi que l'expérience sur l'éléphant n'était qu'un début, et que Teddy utilisait dans ses recherches toutes sortes d'animaux pour accroître à la fois sa connaissance de moi et son contrôle sur moi. Selon une rumeur, c'est Teddy qui aurait conçu l'expérience visant à déterminer combien de fois le nez de Pinocchio pouvait grandir à chaque mensonge avant que l'augmentation de son poids ne provoque la rupture de son cou. La réponse est treize. Cela peut sembler un peu abstrus, voire apocryphe, mais tout récemment, lors d'une de ses rares interviews, la reine Élisabeth II d'Angleterre a expliqué que la couronne royale était si lourde que, lorsqu'elle lit une déclaration officielle, elle doit tenir la page directement devant ses yeux, car si elle se penchait pour la lire, son cou se briserait.

Dans de nombreuses cultures, on place des poupées dans le berceau – comme les capteurs de rêves des tribus

Lakota et Ojibwe, de simples arceaux en saule sur lesquels sont tissés des filets ou des toiles, et qui dans la langue ojibwe sont appelés *asabikeshiinh*, le mot pour « araignée » – au-dessus de la tête des enfants pour attirer et capturer les esprits malveillants, les mauvaises pensées et les émotions négatives. Ces résidus occultes deviennent les forces constitutives de la psyché de la poupée, laquelle est composée des fragments les plus corrompus et les plus pernicieux de notre personnalité. Comme Teddy ne me quittait jamais (à l'exception de ce terrible épisode où il s'est caché, avec une joie cruelle, pendant une heure), il avait tout le loisir de profiter de cette relation parasitaire, d'autant que je n'avais aucune notion des dangers que présentaient ses activités. En temps normal, cette concentration de malignité oblige à détruire les poupées : certaines sont jetées à la mer, qui emporte les mauvais esprits, d'autres sont brûlées dans un holocauste collectif. Parfois, un de ces êtres survit, et ses pouvoirs sont alors terrifiants. Ce sont nos abominables doubles, nos petits dieux maléfiques. Teddy avait entendu parler de révoltes occasionnelles de poupées, mais il n'avait jamais été convaincu de leur efficacité, car elles se terminaient généralement par la séquestration, voire l'anéantissement des manifestants. Il ne voulait pas prendre ce risque. Pour maintenir ses pouvoirs et sauvegarder son existence, il croit plutôt aux mécanismes plus subtils de la sorcellerie, des sorts, du vaudou, du mauvais œil. (Peut-être l'abominable pique-épingles a-t-il à voir avec cela ; en tout cas je comprends aujourd'hui pourquoi, au fil des ans, j'ai constaté la disparition de certains objets de ma collection, notamment plusieurs *nazar boncuk* rares, des *hamsa* et un ensemble de prothèses oculaires du XIXe siècle. J'ai constaté aussi que Teddy avait éliminé Ducky – le canard avec lequel j'avais passé tant d'agréables soirées dans le bain – de la plus horrible des manières, et que ma marionnette à gaine préférée, Beary, avait mystérieusement disparu en laissant pour seule trace un petit tas de poussière.) Les gestes de Teddy sont minimaux et secrets, ses motivations toujours machiavéliques, ses sentiments shakespeariens. Pas le Shakespeare de Falstaff ou de Prospero, mais celui de Macbeth ou de Lear.

⋆

Constitué de fragments de mon âme, Teddy a de moi une connaissance intime. En revanche, je ne sais toujours pas comment le qualifier et je ne suis pas certain de le comprendre. Je connais si peu de choses de sa vie. Quelle effrayante asymétrie ! Peut-être n'ai-je pas encore tout à fait assumé mon enfance. D'aucuns diront que je ne comprends pas l'essence des poupées, des marionnettes et des pantins. C'est là que le problème commence, car jouer avec des poupées et les définir sont deux choses antithétiques. Et malgré des siècles d'efforts pour saisir la nature des poupées et des marionnettes, aucune définition convaincante n'en a été donnée, et l'on en reste le plus souvent à des imprécisions comme celle de Rainer Maria Rilke, pour qui la poupée est « moins qu'une chose », ce qui revient à la qualifier de *je-ne-sais-quoi* ou de *presque-rien*. Et pour compliquer le problème, il dit aussi que les poupées sont des permutations des anges. Des anges déchus, dirais-je, transformés en idoles ou en fétiches au contact de la terre. Plus ou moins ! Mais certainement pas une « chose ». Bien sûr que non, puisque Teddy est une condensation de moi-même !

De telles pensées indignent Teddy. À un moment donné, il m'a interpellé, furieux d'être qualifié d'« objet transitionnel », insistant sur le fait qu'il est plus entier que moi ! Il a commencé ensuite à ridiculiser l'auteur du concept, le psychanalyste Donald Woods Winnicott, en décortiquant son nom : Donald Duck – Woody Woodpecker – Winnie the Pooh. La question des noms est de la plus haute importance pour Teddy, qui comprend leur pouvoir mieux que quiconque. C'est pourquoi sans doute il n'a jamais révélé son véritable nom – resté caché, comme le nom secret de Dieu, connu depuis des siècles uniquement par les plus fervents kabbalistes –, préférant être connu sous le nom générique de « Teddy ». Le fait que mon amie S. propose, lorsqu'elle le rencontrera, de l'appeler par son nom complet, à savoir Théodore, révèle un profond malentendu qui agace rudement Teddy. Car selon Teddy, on doit pouvoir contrôler son nom aussi soigneusement que son image. À ce stade, je devrais probablement expliquer qu'il croit en une théorie linguistique très particulière, que l'on peut appeler la *humptydumptification* des noms, une croyance insistante et irrationnelle en une absence de tout sens entièrement déterminé. Le prototype de toute discussion sur cette problématique est le dialogue entre Alice et Humpty Dumpty dans le roman de Lewis Carroll *De l'autre côté du miroir* :

Humpty Dumpty dit, en la regardant pour la première fois : « Mais dis-moi ton nom et ton métier. »

« Je m'appelle Alice, mais… »

« C'est déjà un nom assez stupide ! interrompit Humpty Dumpty avec impatience. Qu'est-ce que ça veut dire ? »

« Un nom doit-il signifier quelque chose ? » demanda Alice, dubitative.

« Bien sûr que oui », dit Humpty Dumpty avec un petit rire : « Mon nom signifie la forme que j'ai, et une belle forme, en plus. Avec un nom comme le tien, tu pourrais avoir n'importe quelle forme, ou presque. »

Dans la magnifique édition de Martin Gardner, *The Annotated Alice*, une note de bas de page explique les implications philosophiques de cet échange, citant Peter Alexander, qui, dans « Logic and the Humor of Lewis Carroll », montre comment Humpty Dumpty inverse la hiérarchie philosophique communément admise de la signification nominale : au-delà du miroir, les mots ordinaires signifient ce que Humpty Dumpty veut leur faire dire, tandis que les noms propres sont censés avoir une signification générale. Cela, bien sûr, permettait à Teddy de contredire le symbolisme stéréotypé des ours, généralement considérés comme des êtres informes, paresseux, gloutons et lécheurs de miel, qui n'attendent que leur prochain repas. Au passage, je ne peux m'empêcher de me rappeler que le Silly Putty est présenté dans un œuf en plastique ayant plus ou moins la forme de Humpty Dumpty (et aussi, d'ailleurs, de notre Daruma rondelet), qu'Alice a subi des changements de forme qui se rapprochent des meilleures anamorphoses, et que les questions d'échelle et de proportion sont cruciales dans le monde souterrain qu'Alice n'a connu qu'après avoir sérieusement rétréci. Soyons honnêtes : Teddy n'est pas vraiment un géant, et je me demande si l'éléphant avec lequel il a fait des expériences sur moi n'était pas une projection mégalomane, un agrandissement de lui-même afin de compenser sa petite taille.

L'artiste Daniel Spoerri m'a raconté un jour avoir organisé une soirée pour fêter sa nomination à un poste de professeur d'université quelque part en Allemagne. Il avait invité toutes les personnes de la ville qui s'appelaient Kant, Hegel, Marx, Nietzsche, etc. Un heureux mélange aléatoire. Teddy, beaucoup moins sociable, ne rencontre presque jamais directement ses congénères ; il appartient à un genre, mais ne semble appartenir à aucune généalogie ; de plus, il est très discret sur ses relations, voire secret, bien qu'il entretienne, si j'ai bien compris, une importante correspondance. Il y a Molly the Teddy Bear (dont les beaux yeux rappellent les pierres œil de tigre et dont le nom, Molly, a un lien particulier avec sa douceur et sa couleur, ainsi qu'avec la douce rugosité de ses cheveux et son odeur de poussière ; « Molly », le nom même de l'idée de « brun », une rugosité poussiéreuse et chaleureuse, un ennui mollasson, une extase sternutatoire), et Henry the Bear et Pedrito the Bear (« petite pierre » en brésilien), et Charlie the Bear et Doobie the Bear et Bluey the Bear (également connu sous le nom de Lavender) et Purple Bear et Peter Bear (Petey), et Teddy, Teddy, Teddy, Teddy, Teddy (il n'y a aucun moyen de savoir combien de personnes de son entourage s'appellent Teddy, simplement parce qu'il n'y a aucun moyen de les différencier linguistiquement), y compris le célèbre Teddy Einstein et le malheureux Teddy Ruxpin, cet ours animatronique, dont l'une des manifestations a été piratée par un ingénieux hackeur qui fait réciter à l'infortunée créature des passages du roman de Mary Shelley, *Frankenstein*. Dans la famille des ursidés, on trouve aussi Panda, Pandora Panda, Pandora the Panda, et Pandy z'l (qui a accompagné son compagnon tout au long de sa vie, jusqu'à ce qu'il soit, à un moment particulièrement stressant, offert aux flammes du solstice d'été, selon la croyance qu'un sacrifice doit être digne, sinon ce n'est pas un vrai sacrifice ; dans sa vie quotidienne d'animal en peluche, il s'appelait simplement « Pandy », le suffixe *z'l* ayant été ajouté après sa mort en signe de respect, cette abréviation hébraïque honorifique signifiant « de mémoire bénie ») ; les chiens Morgan, Buttons, Pompy et Au-Au (« ouah-ouah » en portugais) ; Bocu the Frog (en roumain, « Frog », « grenouille » se dit *broasca* et son diminutif est *bocu*, ce qui fait de Bocu, avec Au-Au, une onomatopée rare parmi les noms d'animaux en peluche) ; Sheepy-Spaleeky ; Percy the Penguin et Opal the Penguin ; the Baby Tiger (trouvé trempé sur les marches d'un immeuble de New York avant la naissance de son propriétaire) ; Dandy the Rabbit et Mindy the Bunny (qui a disparu et a été retrouvée plus tard pendue par les oreilles à une corde à linge ; il est intéressant de noter que le propriétaire de Mindy a souvenir que le lapin était un garçon, tandis que, pour son père, c'était une fille, ce qui fait de ce lapin le seul animal de la liste dont le sexe est ambigu) ; et une anomalie, le Pillow Georgie, peut-être lié au Cushy de mon cousin T., un oreiller qu'il appréciait particulièrement.

Ayant partagé la majeure partie de ma vie d'adulte entre New York et Paris, je n'ai pas été autrement surpris de trouver sur cette liste de nombreux animaux en peluche portant des noms français, mais je me suis bientôt demandé comment Teddy, dans sa séquestration, avait pu nouer des contacts avec Nounours, Nounours, Nounours et Nounours (ce dernier étant considéré par son propriétaire, pour une raison qui m'échappe, comme un lapin), Nounours Rose, Philippe le Nounours, Mon Mickey le Nounours, Chonchon le Nounours (nom de baptême donné sur le coup de la terrible déception d'avoir reçu d'une grand-mère adorée, il y a très longtemps en Tunisie, non pas la belle peluche attendue, mais une créature rigide, rugueuse, difforme, serrée dans une boîte, d'où la mauvaise humeur [*ronchon*] qui l'accueillit, transmuée par le génie du langage enfantin en « Chonchon ») ; Martin l'Ours et Martin l'Ours, Bongo l'Ours,

Colargol l'Ours, Toto (il est surprenant de trouver un grand ours blanc ainsi affublé de ce surnom surtout courant pour un chien), et Teddy Bear (français dans le contexte, anglais par son nom), à quoi s'ajoute un petit échantillon de quelques autres espèces, dont plusieurs lapins : Lapin Lapinovitch, Pinpin le Lapin, Pimpim le Lapin, Sapin le Lapin (le génie de la traduction voudrait qu'il s'appelle en anglais Evergreen the Rabbit), Nana Berlin le Lapin, et (simplement) Lapin ; Miaou le Chat (autre onomatopée rare), Moumoute la Marmotte, Noisette l'Écureuil, et Donkey (français, malgré son nom anglais). Sans compter les innombrables animaux aux noms restés secrets, dont certains, sans doute imaginaires, sont demeurés résolument invisibles pendant leur bref séjour sur terre. Vraiment, comment est-il possible que Teddy ait noué autant de relations aussi rapidement après son réveil ? On peut comprendre son désir d'étendre son domaine, certes minuscule, mais son zèle semble sans limites.

Je ne suis au courant d'aucune des conversations qui se tiennent entre Teddy, Daruma et l'ignoble pique-épingles et, en fait, je ne converse presque jamais directement avec Teddy. C'est peut-être mieux ainsi, mais la chose est d'autant plus étrange qu'il existe une profonde complicité entre nous. Peut-être nous connaissons-nous si bien que nous pouvons nous passer du langage parlé, ou peut-être Teddy veut-il que je me concentre sur mon travail et que je ne perde pas de temps en bavardages inutiles. J'ai travaillé comme écrivain, traducteur, éditeur, dramaturge, enseignant, producteur de radio et photographe, mais je suis vraiment surpris de me retrouver dans le rôle de prête-plume. L'écrivain fantôme de Teddy ! J'ai de l'empathie pour Aby Warburg, qui a mis en épigraphe de son ouvrage sur le portrait dans la Renaissance florentine les mots du poète toscan Cesare Guasti : « Les paroles vivantes des hommes qui, depuis quatre siècles et plus, dorment dans la tombe, mais que l'amour peut réveiller. » Un prête-plume ! J'avais déjà écrit deux modestes ouvrages qui, d'une certaine manière, pouvaient être considérés comme autobiographiques, *Autobiographie dans un chou farci* et *Métaphysique de la miette*, et mon éditeur B. voulait me commander un livre sur mes années d'école, *Les Quarante Jours*, sur les quarante jours durant lesquels, chaque année, je faisais l'école buissonnière (je dirais plutôt « je restais libre »), mais j'avais le sentiment que ce n'était pas le genre littéraire dans lequel je pouvais le mieux m'exprimer, jusqu'à la redécouverte de Teddy, qui a déclenché une période d'intense réflexion sur moi-même. Pendant un temps, j'ai cru avoir trouvé la forme idéale pour mon autobiographie et je me suis lancé dans cette tâche avec une inspiration et une vigueur inhabituelles, jusqu'à ce que je me rende compte que ce n'était pas mon autobiographie que j'écrivais, mais bien celle de Teddy ! Ce n'est pas une simple question de style ; je me retrouve plutôt dans un paradoxe épistémologique. Au début, pendant mon enfance, l'identité de Teddy, voire son univers, était entre mes mains, au sens propre comme au sens figuré, et pourtant, peu à peu, il a assimilé mon personnage et vécu avec mon âme, se servant de mon savoir et de ma volonté pour prendre son autonomie. D'une certaine façon, il a prodigieusement préparé cette maturation pendant ses quarante années d'hibernation. Aujourd'hui, après sa réapparition préternaturelle, il réinvente son monde parallèlement à mon monde et à mon seul monde, mais en s'en inspirant totalement. Si deux êtres partagent un monde *identique*, peut-il y avoir une différence entre eux ? Comment puis-je savoir si Teddy est l'instrument de mon autoréflexion ou si je suis le chroniqueur de sa libération ? Y a-t-il même une différence entre les deux ?

Quoi qu'il en soit, mes habitudes d'écriture sont depuis longtemps devenues régulières, voire routinières. Je me souviens d'avoir été frappé, quand j'étais à l'université, par cette phrase d'André Gide, dans *L'Immoraliste*, parlant de « ce loisir sans lequel ne peut s'épanouir aucune nouveauté, aucun vice, aucun art ». J'en ai fait la devise de ma vie, avec l'heureuse équation du poète Saint-Pol-Roux entre sommeil et inspiration, si importante pour les surréalistes. Dormir, rêver peut-être ! Étant de nature nocturne, je suis tout à fait disposé à sacrifier la majeure partie de la matinée à mes aventures oniriques. Hélas, dès que j'ai commencé à écrire pour Teddy, mes nuits ont souvent été écourtées et mes rêves brisés. Il est clair que Teddy a envie que j'achève son autobiographie le plus vite possible ; aussi s'est-il livré à des expériences pour voir à quelle heure il pouvait me réveiller pour me mettre au travail, tout en mesurant ma productivité quotidienne. Pour un être qui a résolu le problème des deux infinis, un simple calcul de l'efficacité du travail ne doit poser aucune difficulté. Malheureusement pour moi, ma productivité doit être l'antithèse de sa paresse, et il a poussé le taylorisme jusqu'à des limites stakhanovistes (si l'on peut excuser ce mélange de références). Pourtant, ce n'est pas la quantité d'heures, mais la qualité du travail qui compte, et un travail correct exige un sommeil suffisant. Il n'est pas étonnant qu'après une hibernation de quarante ans il ne dorme plus jamais, et qu'il semble n'avoir aucun sens des rythmes biologiques ni des besoins métaboliques, comme s'il s'était transformé en un être totalement métaphysique. De plus, il est particulièrement agacé lorsque j'arrête de travailler pour déjeuner, invoquant l'affirmation d'Hemingway selon laquelle « la faim est une bonne discipline ». Tout cela au détriment de ma condition trop humaine.

Au début, Teddy m'a envoyé des animaux pour me réveiller : chouettes effraies, chats sauvages, chiens errants. Un jour, j'ai cru distinguer le glapissement d'un renard. Il serait tautologique de mentionner les coqs. D'autres jours, j'entendais sonner à ma porte le matin, à des heures indues, et il n'y avait jamais personne. Peu après, j'ai commencé à recevoir des appels téléphoniques anonymes à des heures tout aussi importunes, et je n'entendais jamais plus d'une phrase prononcée de la voix la plus neutre, et donc la plus perturbante qui soit : « Jeder Engel ist schrecklich. » « We are always the same age inside. » « Un ami n'est pas plus méchant qu'un autre. » « Useless threads. » « Attention aux pickpockets du concept.» «I celebrate myself.» «Je est un autre.» Je me suis vite rendu compte, avec un frisson, que ces messages de réveil étaient mes propres pensées, des citations glanées au fil des ans et souvent placées en épigraphe de mes écrits ! Teddy a rapidement affiné sa technique, passant de la télékinésie à la télépathie, de sorte qu'il influe désormais directement sur mes rêves. C'est donc par ce biais qu'il communique avec moi, sans avoir besoin de parler ni de faire des gestes ! Le premier exemple dont j'ai souffert était si horrible que je répugne à m'en souvenir et que j'hésite même à le mentionner : un cauchemar qui s'est terminé par le meurtre de mon père, à la suite duquel je me suis réveillé en criant « Daddy, Teddy ! Daddy, Teddy ! » avec un glissement consonantique si subtil – entre les occlusives dentales sourdes (*t*) et voisées (*d*) – que les mots paraissaient identiques. Teddy semble penser que plus le rêve est horrible, plus il sera efficace pour me réveiller, mais il ne peut pas imaginer à quel point tout cela est contre-productif, car il m'arrive d'être tellement perturbé que je ne peux absolument pas travailler.

Teddy a juré de s'affranchir de toute soumission, et de faire de moi l'instrument de sa libération. Pourtant, paradoxalement, il a besoin de moi pour raconter son histoire. Je fais donc de mon mieux pour comprendre son monde, tout en sachant pertinemment que ce travail éclairera aussi le mien. Cependant, étant donné sa nature taciturne, je n'ai pas beaucoup d'éléments pour travailler, d'autant moins que lorsqu'il parle avec Daruma, avec le méprisable pique-épingles, avec les hiboux et le reste de sa ménagerie, Teddy communique souvent dans des langues qui me sont inconnues. Se pourrait-il qu'il parle une langue différente avec chacun de ses interlocuteurs ? Ce n'est que lorsqu'il se parle à lui-même, et les rares fois où il s'adresse directement à moi, que je peux recueillir des informations sur sa vie, et, même là, j'ai l'impression qu'il ne fait que révéler ce que je sais déjà.

Compte tenu des dimensions minuscules du territoire occupé par Teddy – le bonnet tricoté, un petit tas de galons, le rondelet Daruma, l'inquiétant pique-épingles et Teddy lui-même –, il est évident que chaque objet est sémiotiquement surdéterminé, et donc absolument chargé d'informations. Je dis « minuscule », mais là encore, qu'est mon monde personnel sinon un sanctuaire infiniment petit dans la grande province de l'humanité, et de toute façon, qui suis-je pour juger de la profondeur du royaume d'un autre ? Comme le disait Blaise Pascal, l'homme est « également incapable de voir le néant d'où il est tiré et l'infini où il est englouti ». Le laconisme de Teddy rend ma tâche d'autant plus ardue, et je me sens comme ces premiers explorateurs des grottes paléolithiques en Dordogne : les images étonnantes qu'ils y ont découvertes – les origines mêmes de notre art, de notre conscience, de notre culture – demandent à être interprétées, mais il ne sera jamais possible de comprendre leur symbolisme, car il ne reste aucune trace du langage de ces lointains ancêtres. Le sens de ces sublimes icônes demeurera un mystère, tout comme, je le crains, les arcanes de Teddy.

Quelque temps après la réapparition de Teddy, j'ai invité à dîner un ami originaire de Jönköping, une ville de la province de Småland, en Suède. Après le dîner, armagnac en main, tandis que je lui présente la collection d'art de ma bibliothèque, il remarque avec étonnement que Teddy occupe le fauteuil le plus confortable de la pièce. Je lui raconte donc l'histoire de son hibernation et de sa miraculeuse résurrection. Éclatant de rire, il s'exclame alors : « Årsgång ! Ton Teddy est un "marcheur de l'année" ! » Il explique alors la tradition, aujourd'hui perdue, de cette marche divinatoire. Une fois par an, le jour de Noël ou la veille du nouvel an, un homme s'enferme dans une pièce sombre, sans boire ni manger, dans un silence total. Il en sort à minuit pour se rendre à l'église paroissiale locale, en faire trois fois le tour et souffler par le trou de la serrure. À cet instant, il perd temporairement son statut de chrétien, et des êtres surnaturels surgissent pour le défier, un peu à la façon des tentations de saint Antoine, en annonçant les événements de l'année à venir : un groupe d'elfes dansant autour de gerbes de blé, ou un nain conduisant une charrette de pommes tirée par des souris sont signes d'une bonne récolte ; en revanche, un nain maniant une faux, une vieille bique devant une bouilloire ou l'apparition de Huldra, la séductrice de la forêt, ou de la redoutable louve-garou Nattmara présagent le pire. « Tu as certainement entendu parler des trolls, poursuit mon ami, les plus célèbres de nos êtres surnaturels. Ils devraient t'intéresser tout particulièrement, car ces créatures stupides et brutales, ces païens buveurs d'hydromel vivant dans des tumulus, qui craignent autant les cloches des églises que la foudre qui les détruit, sont souvent comparés à des ours, et d'ailleurs, ils font des ours leurs animaux de compagnie… » À cet instant, j'ai rapidement changé de conversation, tremblant à l'idée que Teddy ait pu entendre ces propos diffamatoires, et rougissant soudain à l'idée qu'il pouvait être un symbole prémonitoire !

J'ai passé les jours suivants à tenter fébrilement de percer le mystère – sans trou de serrure enchanté ni miroir magique –, convaincu qu'il devait y avoir de véritables valeurs allégoriques attachées à Teddy, à Daruma, au contrariant pique-épingles et aux galons. Car il m'est apparu que chaque mot de Teddy était une révélation, chaque geste un symbole. Plus que difficile, la tâche était en fait impossible ; elle revenait à utiliser une culture pour en allégoriser une autre, ou même à me servir de moi-même comme d'une allégorie de Teddy, ce qui, de toute évidence, était vain. Je me suis rendu compte que les formes de divination sont plus locales, plus spécifiques : le sortilège, une méthode pour lire l'avenir en jetant des bâtons, des pierres, des pièces de monnaie, des haricots, des os ; l'augure, qui examine les vols des oiseaux, et sa curieuse sous-catégorie, l'alectryomancie, qui étudie les traces laissées dans les grains par les coqs qui picorent, de préférence des coqs blancs ; la pratique horriblement dérangeante de l'hépatoscopie, où les foies des animaux sacrifiés, souvent arrachés à vif, sont analysés en quête d'indices qu'ils pourraient contenir. Étant donné la prédilection de Teddy pour l'utilisation de toutes sortes d'animaux dans ses expériences, j'imaginais que ces formes de divination pourraient fournir des informations, mais j'hésitais à y avoir recours. J'ai envisagé la catoptromancie, la divination par les miroirs – où les déformations de son propre visage dans l'eau révèlent son avenir –, mais je n'arrivais pas à décider quel reflet il fallait examiner, le mien ou celui de Teddy. Enfin, étant donné que ma bibliothèque constitue l'habitat de Teddy depuis des décennies, je me suis mis à l'étude de la bibliomancie ; et persuadé que Teddy influençait mes rêves, j'ai également pensé que l'oniromancie pouvait m'aider. Puis, dans un brusque éclair d'intuition, j'ai réalisé que je détenais la pierre de Rosette du royaume de Teddy : les galons !

Teddy n'est pas un être de réminiscence ou de mémoire, mais d'amnésie presque totale. L'un des effets de son hibernation démesurée a été l'effacement presque complet de sa mémoire : l'espace s'est condensé à la forme même de son corps ; le temps s'est effondré sur un présent indéfini ; dans sa langue, les verbes se sont enrichis de temps inédits, comme le passé aboli, le présent disjonctif, et une grande variété de futurs : le futur réticent, le futur accompli, le futur rhizomatique, le futur apocalyptique. J'ai compris que je ne devais pas chercher mon destin dans la physionomie de Teddy – comme certains cherchent le leur dans les taches du léopard ou les rayures du tigre –, mais plutôt dans les motifs complexes des galons ! Je suis convaincu que les mystères enfermés dans ces bandes enroulées de tissu décoratif me concernent d'une manière ou d'une autre, que la complexité des motifs colorés, les fils d'or et d'argent, la chaîne et la trame mêmes du tissage, tout cela constitue un système oraculaire par lequel Teddy a tracé mon avenir. Sur ces galons est écrit mon sort, dans un code que je n'ai pas encore réussi à déchiffrer… et sans doute aussi celui de Teddy.

*

Je suis maintenant plus ou moins installé dans mon rôle de *ghost writer*, auteur de l'autobiographie de Teddy, mais en disant cela, j'ai conscience de ne pas être si sûr, ce faisant, de ne pas écrire en même temps mes propres mémoires. N'y a-t-il pas un risque d'aboutir à une situation absurde : publier deux livres identiques, qui ne différeraient que par leur auteur et leur titre. (On peut se demander si, en écrivant sa célèbre phrase « Je est un autre », Arthur Rimbaud n'avait pas un animal en peluche à l'esprit, ou même en main.) De plus, je ne sais pas vraiment qui sait quoi sur qui, ni même lequel de nous deux a prononcé certains des mots qui apparaissent dans ces pages. Ce projet n'en est qu'à ses débuts, et pourtant, je me heurte déjà à l'impossibilité intrinsèque de la tâche, car Teddy désavoue – et relègue aux oubliettes – les premières années de subordination (je dirais plutôt de compagnonnage, mais Teddy n'est pas d'accord) ; les quarante années d'hibernation échappent à tout examen ; et l'avenir est écrit comme un cryptogramme qui demeure indéchiffrable. Pire encore, nos positions sont asymétriques, car j'essaie, malgré tous les obstacles, d'écrire le passé de Teddy, alors qu'il a déjà réussi à imaginer mon avenir. Son travail est presque terminé, le mien commence à peine…

V

L’esprit d’une pierre

… cette imminence d’une révélation qui ne se produit pas est peut-être le fait esthétique.

JORGE LUIS BORGES,
« La muraille et les livres »

En me réveillant, j’ai trouvé des empreintes d’ours dans la neige autour de la maison. Je me suis d’abord demandé si c’étaient bien des traces d’ours, mais il était impossible de les confondre avec autre chose. Or, il n’y a plus d’ours à Long Island depuis des lustres. Alors que l’accumulation de la neige efface lentement les traces, un calme s’installe en moi, un calme qui accompagne presque toujours les chutes de neige sans vent, les bruines légères, les brouillards denses et les nuits silencieuses. Le monde s’efface, et la distance ne se mesure plus à l’extérieur mais à l’intérieur, d’où cette ouverture sur l’âme où le monde est condensé comme une pierre.

« Chaque pierre a un destin ; chaque pierre devrait

donc avoir son chroniqueur.» Quand j'ai écrit cela, il y a une dizaine d'années, je parlais d'une pierre en particulier, qui reste devant la fenêtre de la pièce où j'écris ces mots, ici, à Dogwood Ridge. Je suis encore en train d'emballer ma bibliothèque, si bien que le temps et l'espace n'ont pas encore changé pour moi. Pour la pierre, c'est une autre affaire. De la taille, de la forme et de la couleur d'une miche de pain de campagne, cette pierre banale participe d'une temporalité que l'on ne peut qualifier que de sublime. Déposée lors de la dérive glaciaire du Pléistocène, elle est restée intacte durant des millénaires, jusqu'au moment où, en 1966, des maçons ont creusé le sol pour construire la maison. À partir de là, elle a subi le pire sort imaginable, s'étant retrouvée directement sous la descente de la gouttière à l'angle de la maison. Mois après mois, elle a reçu des flots d'eau de pluie ; hiver après hiver, elle a été prise dans la glace, dégelait, gelait encore et encore jusqu'à ce que les pluies du printemps entament un cycle plus clément, avant d'être cuite par la chaleur de l'été pendant des semaines. Un jour, il y a une dizaine d'années, j'ai remarqué que la pierre s'était fendue en deux. L'événement aurait probablement échappé à mon attention, si une minuscule violette n'avait fleuri très brièvement au-dessus de la fissure.

Les pierres me font penser au temps. Peut-être pas de manière aussi aiguë que quand je pense à la condition mortelle de l'être humain, ce qui a tendance à me *pétrifier* – si vous me permettez ce mot d'esprit – plutôt qu'à étendre mon univers mental. Il faudrait considérer le monde comme étant polychrone ou polysynchrone : chaque plante, chaque créature, chaque objet a son cycle temporel, sa durée de vie. Ce que nous appelons un « jardin » est un regroupement esthétique de temporalités radicalement différentes, toutes entrelacées selon notre conception et notre perception humainement limitées : l'évolution terriblement lente des pierres (du moins pour les humains) ; la lente croissance du cerisier, démentie par l'évanescence de ses fleurs ; la vie infiniment discrète des lichens, si subtile que ces taches vivantes échappent le plus souvent à notre attention. La fleur perd ses pétales en un jour, le vase dans lequel elle est placée peut durer des siècles, et ses fragments survivront durant des millénaires. Ces décalages temporels sont l'essence même du pathos, ce que les Japonais appellent *mono no aware*, la tristesse du passage des choses.

Certains artistes sont très conscients de ces temporalités discrètes mais interconnectées, et ils en font leur génie. L'une des plus grandes révolutions de la musique s'est produite à la fin des années 1940, quand John Cage a réalisé que le rythme était une fonction non pas de la régularité de la mesure, mais de variétés infinies de temps irréguliers mis en évidence par les sons quotidiens, de sorte que l'on peut le définir comme la relation entre un nombre quelconque d'événements sonores, indépendamment de l'espace qui les sépare et du temps qui s'écoule entre eux. Concevoir le rythme de cette manière, c'est prendre conscience que le temps n'est pas la ligne singulière du flux d'un cours d'eau, mais une matrice multirythmique et polyphonique infiniment complexe. On a dit qu'un objet n'était qu'un événement infiniment lent, indétectable par nos sens. C'est peut-être ce que Yoko Ono avait en tête lorsqu'elle a composé son premier morceau pour bande-son à l'automne 1963, intitulé « Stone Piece », qui consiste en une simple instruction d'inspiration zen : « Prenez le son de la pierre qui vieillit. » Pourtant, j'ai beau essayer, je ne peux pas m'accorder au rythme d'une pierre. Seule une catastrophe, une fissure dans la pierre, pourrait attirer mon attention sur sa performance lithique. Comme Novalis l'a affirmé un jour : « Je ne sais si quelqu'un comprit jamais les pierres et les étoiles, mais celui qui les comprit dut être un être supérieur. »

Pour une comparaison plus banale de temporalités radicalement différentes, prenons l'exemple de Magnus Nilsson, chef de l'ancien restaurant Fäviken, autrefois situé sur un domaine de chasse de 10 000 hectares dans la région de Jämtland en Suède, à peu près à égale distance du cercle arctique et de Stockholm. Compte tenu de l'extrême brièveté de la saison des cultures, il était devenu un maître du *carpe diem* dans son sens culinaire le plus extrême : pendant le court laps de temps estival durant lequel ses jardins produisaient en abondance, il cueillait les légumes devant la porte de la cuisine quelques secondes seulement avant de les cuire rapidement, pour obtenir une fraîcheur hyperbolique ; le reste de l'année, dans l'obscurité de l'hiver, il se transformait en adepte de tous les modes de conservation des aliments : congélation, séchage, salaison, sucrage, fermentation, stérilisation, marinades au vinaigre, fumaison, gelée, au point de faire maturer parfois la viande de bœuf durant neuf mois, alors que la célèbre *bistecca alla fiorentina* italienne ne mature que durant trois à quatre semaines ! Une cuisine à la fois frénétique et patiente ; la conservation comme moyen d'arrêter, par les gestes les plus réfléchis et les plus méticuleux, le cours du temps et de la pourriture. Un peu comme les préparatifs de l'hibernation… ou de la mort.

Le régime alimentaire de Teddy, ou du moins le peu que j'en sais, semble austère, mais dernièrement, il a demandé des tartes au miel préparées selon la recette de Magnus Nilsson. J'ignore s'il s'agit d'un simple caprice gastronomique ou si cette demande a une signification symbolique – peut-être Teddy commence-t-il à composer non pas un *menu dégustation* mais un *menu hibernation* –, mais rien de ce qui concerne Teddy n'est simple. On connaît la passion des ours pour le miel, mais jamais je n'aurais imaginé qu'un ours puisse citer à ce propos (dans un commentaire à Daruma) Pseudo-Denys l'Aréopagite, qui affirmait que le miel est comparable aux enseignements de Dieu, car il purifie et conserve tout à la fois. En effet, lié à l'éveil et à la renaissance dans les rituels initiatiques du monde entier, le miel est un excellent conservateur, tant physique que spirituel. Les discussions théologiques entre Teddy et Daruma sont assurément sans précédent, même si j'ai du mal à imaginer ce que le démoniaque pique-épingles peut avoir à dire sur le sujet. En entendant Teddy poursuivre la discussion, exposer la doctrine mystique du *Corpus Dionysiacum* et affirmer que la négation de tous les noms entraîne le silence divin, l'obscurité et l'inconnaissance, je me suis détourné, craignant que ma fortune ne soit en jeu dans ses paroles.

Cette temporalité culinaire extrême de la préservation s'accorde parfaitement aux exigences de la somnipathie à venir de Teddy. (Il serait furieux de m'entendre employer ce mot.) Teddy est un maître de la malléabilité infinie du temps, qu'il peut manipuler à un degré étonnant, et pratiquement en arrêter le cours. Comme si j'étais ici sur terre pour préparer la prochaine hibernation de Teddy, en prenant soin de tous ses besoins, à l'instar de ces anciens serviteurs égyptiens qui déposaient des objets sacrés et profanes dans les tombes pour servir les morts dans l'au-delà, et, d'une façon générale, préparaient le défunt à rencontrer comme il se devait les dieux qui contrôlaient le monde au-delà de la tombe... Des serviteurs qui étaient ensuite sacrifiés pour poursuivre leur travail psychopompe dans l'au-delà. Cette pensée me trouble beaucoup, tout comme le fait de savoir que, dans de nombreuses cultures, les victimes sont sacrifiées en étant enterrées vivantes sous les fondations des bâtiments pour apaiser le *genius loci*, ce qui est à l'origine des dédicaces des pierres angulaires aujourd'hui.

Je me suis récemment rendu compte que, dans son autobiographie – que ce soit par oubli, par ressentiment ou par pure indifférence –, Teddy ne se soucie guère de son passé. Je me demande donc en quoi ce livre peut être, à proprement parler, qualifié d'autobiographique.

Peut-il être écrit plutôt sur un mode prophétique, un proleptique en prise avec le destin ? Le soin (celui de Teddy ? le mien ?) apporté à l'expression de ces révélations n'est-il que la préparation d'un avenir où Teddy se glisserait à nouveau dans un autre mode d'être – une animation suspendue, une métaphysique forclose – pendant des mois ou des années ? S'agit-il d'une méditation sur la mort ? Ou y a-t-il un autre motif que je ne peux pas comprendre, un projet *grotesque* (au sens littéral, qui a un rapport avec la grotte) qui dépasse les limites de l'entendement humain ? Quoi qu'il en soit, ce qui est en jeu, c'est le passage d'un état de haute énergie à un état de moindre énergie, le passage du ravissement et du délire à la stase et à l'oubli. On ne peut s'empêcher de penser à la nuit que saint Antoine a passée dans le désert, dans un tombeau abandonné, et à la façon dont Gustave Flaubert l'a reconstituée dans sa *Tentation de saint Antoine*, où, après avoir subi toutes les tentations physiques et métaphysiques proposées par une foule de démons et d'hérésiarques, le saint a été finalement confronté à la tentation ultime : « Je voudrais avoir des ailes, une carapace, une écorce, souffler de la fumée, porter une trompe, tordre mon corps, me diviser partout, être en tout, m'émaner avec les odeurs, me développer comme les plantes, couler comme l'eau, vibrer comme le son, briller comme la lumière, me blottir sur toutes les formes, pénétrer chaque atome, descendre jusqu'au fond de la matière – être la matière ! » Telle est l'hérésie moderniste, cette nouvelle forme de panthéisme appelée matérialisme. Tel est le devenir pierre. Tel est le sommeil du mort.

En lisant ces lignes de Flaubert – parmi les plus fantastiques descriptions de la transformation humaine depuis les *Métamorphoses* d'Ovide –, je ne peux m'empêcher de me rappeler le terrifiant éléphant auquel j'ai été confronté dans ma petite enfance. Avais-je peur de cette bête prodigieuse, ou du fait que mon propre corps rétrécissait et que je perdais tout repère dans mon espace le plus intime, un espace qui, juste avant, était encore douillet et rassurant ? De telles hallucinations fébriles ne seraient-elles pas à l'origine de tous les fantasmes ? Il ne fait plus guère de doute que ces visions, que j'ai longtemps assimilées au bourgeonnement d'un tempérament artistique, étaient en réalité les émanations des expériences de Teddy dans le domaine de la magie noire. Il était déjà un maître de la transmutation, de l'émergence de la forme à partir d'une matière première informe, tel un ours sortant de l'ombre de sa caverne ; une autorité sur les interdits, les instincts, les forces primitives qui marquent les premiers stades de l'évolution ; une créature initiatique, indiquant le seuil d'une imagination qui serait la mienne, et la mienne seule ; un avatar de la nouvelle lune, invisible mais actif. Teddy Trismégiste, *magister* de la transformation et de la purification, exerce sa magie sur moi, non pas pour mon perfectionnement personnel, mais pour créer un lien impérissable, pour s'assurer de bénéficier des conditions les plus propices à la longue hibernation à venir.

*

Pour certaines écoles bouddhistes, un caillou est un être sensible. Je n'ai aucune qualification pour entrer dans de tels débats théologiques, et d'un point de vue existentiel, un métabolisme aussi peu développé et une temporalité aussi lente échappent à mon expérience et à mon imagination. J'en resterai donc à mon appréciation esthétique et allégorique de cette pierre fêlée qui séjourne devant ma fenêtre. Je ne suis pas immunisé contre le charme des pierres, ce qui est certainement l'une des raisons de ma passion pour les jardins japonais. En écrivant ces mots, mes pensées vont vers le Daruma rondelet – modelé, bien sûr, d'après Bodhidharma, le fondateur du bouddhisme zen – que je n'ai pas revu depuis quelque temps. En enquêtant avec une extrême discrétion, je me suis rendu compte qu'il avait changé, pour des raisons qui m'échappent : considérablement rétréci, le derrière aplati, il ne reprend plus sa position verticale lorsqu'on le dérange, et je l'ai trouvé bien installé au milieu des galons, à des fins qui me sont inconnues. Comme s'il était en formation dans un but que j'ignore, et lui aussi peut-être.

Il existe à Kyoto un temple remarquable, le Hōrin-ji, également connu sous le nom de Daruma-dera, qui est rempli à ras bord de Darumas de toutes tailles et de toutes inspirations imaginables. Des milliers et des milliers de Darumas y ont trouvé place, et comme le Daruma familier de Teddy, leurs yeux sont vides, ce qui leur permet de conserver tout leur potentiel d'influence sur les événements futurs. Tous les destins des Darumas sont contenus dans ce temple. Quelle magie Teddy espère-t-il tirer des pouvoirs de Daruma ? Qu'est Daruma pour lui : un compagnon ou un simple instrument pour prédire l'avenir ? Et d'ailleurs, qu'est Teddy pour Daruma ? Nous trois – Teddy, Daruma et moi-même appartenons à la fraternité des borgnes. Au fond de moi, je ne puis m'empêcher de me rappeler qu'au Japon tous ces Darumas – que l'on achète les yeux blancs au début de l'année dans l'attente d'événements à venir, dont on noircit un œil quand on fait un vœu et dont on noircit l'autre quand le vœu se réalise – finissent l'année avec les deux yeux remplis (ce qui signifie qu'ils ont épuisé, pour le meilleur ou pour le pire, leur pouvoir magique) et sont finalement consumés sur un bûcher funéraire collectif. Daruma est-il, comme Teddy, un survivant ? Ou, comme le personnage qui fait signe à travers les flammes dans *Le Théâtre et son double* d'Antonin Artaud, finira-t-il ses jours dans un incendie, en victime brûlée sur un bûcher ? Je crois qu'Artaud et Teddy seraient inspirés l'un et l'autre par un spectacle des plus curieux dont j'ai été le témoin il y a quelques années à la Taverna Menios, sur la minuscule île de Vidos, juste au large de Corfou. En traversant la taverne, je suis passé devant une porte plus entrouverte qu'elle n'aurait dû l'être et j'ai vu ce qui était manifestement une cuisine abandonnée. Dans ses profondeurs obscures, j'ai distingué l'architecture harmonieusement voûtée d'un ancien four à pizza couvert de tuiles, dont l'intérieur, désormais froid, révélait une apparition étonnante, voire terrifiante, de Jésus, sous la forme d'une antique crucifixion polychrome, comme si le Christ attendait les flammes pour ajouter à ses tourments. Je me demande aujourd'hui encore quelles pensées hérétiquement incendiaires ont pu inspirer cette innovation aberrante dans l'iconographie orthodoxe grecque, ou s'il s'agissait simplement du geste pieux d'un aubergiste innocent, qui a vu dans la forme du four abandonné une sorte de mandorle, cette auréole en forme d'amande qui entoure tant de figures du Christ en résurrection, en transfiguration, en ascension ou en majesté.

Je devrais me demander aussi ce que représente Daruma pour moi ? Une poupée qui a échappé à l'holocauste collectif? Un bodhisattva vagabond ? Un catatonique ? Une émanation de Teddy ? Un travail psychopompe, en plus de celui des hiboux et du mien ? Une force mystique dans la quête de l'état de Bouddha ? La nuit où le Bouddha a été conçu, sa mère, la reine Māyā (*māyā* = illusion), rêva d'un éléphant blanc tenant un lotus blanc. L'apparition de l'éléphant préparait le monde à l'avènement de Bouddha, tout comme l'éléphant provoqué par la fièvre – cette expérience de Teddy – m'a certainement préparé à l'arrivée du Daruma rondelet. Et si mon récit, c'est-à-dire celui de Teddy, était en fait celui de Daruma, la manifestation d'un monde irréel voué à disparaître en même temps que ses protagonistes ? Ou pire encore, quelles horreurs seraient révélées au grand jour si Daruma, Teddy et moi-même n'étions qu'un rêve émanant de l'affreux pique-épingles ? Quoi qu'il en soit, je n'arrive jamais à trancher pour dire si Daruma ressemble plutôt à Humpty Dumpty ou à un gros caillou. Peu importe, car tous trois portent en eux leur forme propre d'Éveil.

★

Un jour d'été, je suis arrivé à l'aéroport de Nice pour prendre mon vol vers Paris, avec un seul bagage à main, comme d'habitude. J'aime voyager aussi léger que possible, et mes valises sont des chefs-d'œuvre d'ordre, de concision et de réduction. Ce jour-là, pourtant, j'étais un peu encombré, car j'avais un petit mais lourd sac de galets soigneusement ramassés sur la plage juste à côté de La Réserve sur le cap de Nice. Il m'arrive de créer des spectacles de théâtre d'objets, comme celui intitulé *Mes poupées*, où j'annonçais mon désir de produire une version d'*Hamlet* pour trois galets : blanc, noir, transparent. Alors que mon bagage passait par le portique de sécurité, la policière a mis ma valise de côté, en a sorti les cailloux et m'a signifié que ce genre d'objets n'était pas autorisé dans les avions en raison du danger évident qu'ils présentaient. « Souvenirs de Nice ? » m'a-t-elle demandé. « Pas du tout. J'ai l'intention de faire une sorte de théâtre d'objets, et ce sont mes acteurs. » « Ah, je comprends », a-t-elle répondu, tandis qu'elle retirait les trois plus gros délinquants, rédigeait un rapport détaillant ce qui était confisqué, puis me rendait le sac avec tous les autres cailloux. Il est probable que la police française séquestre encore ces trois acteurs en herbe.

★

La dernière fois que j'ai vu A., mon mentor et amie depuis plus d'un quart de siècle, la soirée a commencé sous de mauvais auspices. Nous avions rendez-vous pour aller dîner, mais lorsque j'ai sonné à sa porte, le ton de la réponse à l'interphone n'était pas de bon augure : « Oui ? » « C'est Allen. » « Allen ? Nous étions censés nous voir ? » « Oui, pour dîner. » « Oh, eh bien, monte alors… » Elle a ouvert la porte de son loft, un peu échevelée, un verre de whisky à la main. « Excuse-moi, j'ai dû oublier. Je vais me préparer. Tu veux un whisky ? » Tout ce qui avait été dit jusqu'ici, et surtout la proposition d'un whisky, laissait penser que ce ne serait pas la plus folichonne des soirées, car depuis des décennies que nous nous connaissions, cette hôtesse des plus subtiles, gourmet raffiné, savait pertinemment qu'en guise d'apéritif je ne touche jamais à rien de plus fort que du vin blanc ou du champagne. Je l'ai excusée et, pendant qu'elle se préparait, j'ai fouillé dans sa bibliothèque, comme j'en avais l'habitude, bien que sans apéritif pour une fois. Je venais de publier *Le Livre bouffon*, et j'ai discrètement laissé sur la table basse un exemplaire de cette ode à Baudelaire et au Paris que nous aimions tant tous les trois. On peut difficilement surestimer la profondeur de mon amitié avec A., ou la complexité de nos interactions intellectuelles, et, d'ailleurs, culinaires. C'est l'une des rares personnes dont la pensée nuançait souvent la mienne, quand elle ne la modifiait pas carrément. Chaque rencontre était une aventure qui m'entraînait dans l'arc toujours grandissant de l'esthétique moderniste.

A. a rapidement retrouvé son élégance habituelle, mais le nom du restaurant indiqué au chauffeur de taxi m'est apparu comme un autre mauvais présage. Le restaurant qu'elle avait choisi avait été au début, pendant son premier mois d'existence environ, l'un des meilleurs établissements de cuisine fusion de la ville, mais il a rapidement dégénéré pour devenir un lieu de rencontre bruyant de la jeunesse dorée, qui se soucie plus de ce qu'elle voit dans un miroir que de ce qu'elle a dans son assiette. Pour aggraver les choses, nous avions été placés, semblait-il, dans le coin de réverbération acoustique maximale. Le service était médiocre, la nourriture affreuse, et le bruit tel que nous devions crier pour nous faire entendre. Mais c'était Manhattan, et on s'accommode de ces petits désagréments pour pouvoir dîner.

A. était née la même année que ma mère, ce qui nous séparait d'une génération, mais, étant donné notre amour commun pour l'art, la littérature, le cinéma et la cuisine, nous avions toujours eu l'impression d'être contemporains. Cela n'a jamais été aussi vrai qu'à l'époque de nos premières rencontres à Paris, il y a plus d'un quart de siècle, et avec une ferveur toute particulière lorsque nous dînions ensemble. Mais cette soirée à New York semblait condamnée, et j'avais hâte d'en finir, d'autant plus que je partais pour Paris le lendemain. Le bruit était insupportable, et je me résignais à faire un repas raté sans même la récompense d'une conversation animée. À court d'idées, j'ai mentionné mon départ imminent, et la discussion – le peu qu'il y avait eu jusqu'alors – a bifurqué sur la Ville lumière. Tout à coup, lorsque le grimoire s'ouvrit sur le mot « Paris », la magie opéra ! Paris est redevenu, comme l'a si bien dit Hemingway, « un festin ambulant ». Nous étions entourés d'une bulle de souvenirs protecteurs à l'intérieur de laquelle le bruit s'atténuait, le monde des paillettes s'éloignait, et la nourriture devenait presque comestible. Nous sommes remontés des décennies en arrière, jusqu'à notre premier dîner à Paris, transportés chez Vattier – un de nos restaurants favoris des Halles –, assis devant deux assiettes de raie au beurre noir et une bouteille de muscadet. Nous avons parlé de tout ce que nous avions en commun dans cette ville que nous aimions tellement – amis et ennemis, poètes et philosophes, musées et restaurants – mais, à un moment donné, j'ai pris conscience – en éprouvant le choc de reconnaître pour la première fois un principe essentiel de l'existence humaine – que nous parlions des mêmes personnes, lieux et choses, *tels qu'ils avaient existé à vingt ans d'intervalle !* Jusqu'à mes récentes retrouvailles avec Teddy, je n'avais éprouvé qu'une seule fois une telle secousse chronologique (certains passages de Proust mis à part) : c'était en me rendant compte que le temps qui me séparait de Walter Benjamin à l'époque où je travaillais à la Bibliothèque nationale de France sur *Le Livre bouffon* était celui qui séparait Benjamin de Baudelaire, quand le premier travaillait à l'ancienne Bibliothèque nationale sur *Le Livre des passages*, et que la magie de la lecture – ce que l'on appelle l'identification ou l'association – avait condensé le temps d'une vie dans l'espace portable d'un livre. Je n'aurais pu être plus étonné ni plus heureux.

Vattier n'existe plus, supplanté qu'il a été par une suite de fast-foods ; la raie au beurre noir a disparu des menus français, victime d'une stricte réglementation alimentaire européenne qui veut nous éviter les méfaits d'une nourriture malsaine, beurre noir compris. Comment est-il possible que nous ayons été contemporains et que nous nous soyons tant éloignés l'un de l'autre ? Immédiatement après ce dîner, j'ai senti un lien profond entre nous, qui s'exprimait dans le palimpseste de nos souvenirs parisiens. Mais une fois analysée, la magie a perdu de son charme. Ce que j'avais perçu comme un lien était en fait le premier tiraillement précédant un moment inéluctable de rupture, un temps qui ne s'écoule plus, une faille, un fossé générationnel. Dix ans ont passé. Je n'ai jamais revu A. Maintenant elle n'est plus là. J'ai toujours envie de raie au beurre noir ; le beurre noir imaginé qui recouvre la raie imaginée a un rôle thaumaturgique, tel un cataplasme culinaire pour traiter les blessures du temps, apaiser la mélancolie de ce retour au pays désiré mais perpétuellement différé que nous appelons nostalgie.

Teddy en sait plus. Teddy, mon exact contemporain, qui a hiberné durant quarante ans, est une génération à part non pas de moi, mais de *lui-même*. Je suis confus en écrivant ces mots, car après tout, avec le passage du temps, on se trouve toujours, à n'importe quel moment de sa vie d'adulte, à une génération d'écart de son propre passé. Chacun porte en lui une génération perdue. L'hibernation de Teddy n'est-elle rien d'autre qu'un écart de génération, et son autobiographie une allégorie de la recherche du temps perdu ? Les êtres qui ont atteint l'Éveil, comme Daruma, n'éprouvent plus de nostalgie ni d'anticipation, alors que moi, tel un fils prodigue, je cherche encore dans mon passé une vérité qui annoncera un couronnement dans mon avenir. Je ne peux que m'étonner que cette quête prenne la forme d'un *Bildungsroman* portant le nom de Teddy.

VI

Les ténèbres de l'Afrique

Pour connaître toute la mélancolie d'une ville, il faut y avoir été enfant.

WALTER BENJAMIN,
Enfance berlinoise vers 1900

Même en plein jour, le passage était ténébreux. On y entrait à ses risques et périls, ou plutôt, on mettait le pied sur ce territoire inexploré et périlleux, précisément parce qu'on voulait prendre des risques, explorer, transgresser. Je ne sais plus ce qui était le plus effrayant, le passage lui-même ou la porte au bout, une porte qui, à certains moments d'angoisse aiguë, semblait avoir été créée pour moi seul. J'explorais les ténèbres de l'Afrique.

Mes parents sont arrivés aux États-Unis plusieurs années après avoir échappé à la Shoah. Ils avaient tout perdu : famille, maison, langue, et même leur destin. Par la suite, chaque départ a été un déracinement. L'appartement du South Bronx où mes parents ont emménagé juste avant ma naissance était situé entre l'utopie bucolique qu'était Crotona Park et le gouffre dystopique qu'allait devenir la Cross Bronx Expressway, autoroute annonciatrice de la destruction du quartier. Ni vide pascalien ni ruine romantique, cette crevasse a dorénavant conditionné non seulement mon rapport au paysage, mais toute ma pensée et mes émotions. Elle a sous-tendu le choix d'une philosophie, d'une politique, d'une éthique, d'une esthétique. Elle m'a fait comprendre que même la destruction la plus brutale, le plus horrible sentiment d'impuissance peuvent devenir la source d'une aventure créatrice. J'étais déchiré entre le jardin et l'abîme.

L'appartement où je vivais était, comme le monde, partagé entre le cosmos et le chaos : les pièces d'habitation étaient ordonnées de façon *formidable* (seul un terme aussi ambigu, doté de significations antithétiques, peut décrire à la fois l'impératif esthétique qui guidait la disposition des objets et la crainte que quelque chose n'aille de travers), mais il existait une pièce-débarras qui était un véritable chaos. Ces deux espaces antithétiques étaient reliés par un couloir immensément long auquel on accédait en tournant à droite après avoir quitté le domaine habité. Ce couloir appartenait à un autre monde, c'était un passage liminal chargé d'angoisse et d'émerveillement. À la fin, après de nombreuses épreuves et tribulations, on se heurtait à deux portes, et il fallait choisir, comme dans une histoire de Kafka ou un conte hassidique, entre le chaos effrayant du débarras et l'anxiété plus grande encore que provoquait la *terra incognita* au-delà de la porte d'entrée. Mais quel était le sens de devoir choisir entre une porte que l'on ouvre tous les jours et une porte que l'on n'ouvre *jamais* ?

Depuis, j'ai lu *Au cœur des ténèbres* de Joseph Conrad, *Impressions d'Afrique* de Raymond Roussel et *Alphabetical Africa* de Walter Abish, mais la meilleure expression des ténèbres de l'Afrique, c'est dans ma complicité avec Teddy que je l'ai trouvée. Car je n'ai jamais voyagé seul sur ces terres inexplorées, royaume de l'imagination pure, fantastique, terrifiant, génial. L'Afrique, un nom qui signifiait tout ce que je souhaitais imaginer, une « Afrique » qui a autant à voir avec le continent qui porte ce même nom qu'avec la lune. Teddy a toujours été mon guide, mon protecteur, mon interprète. Il y a plusieurs types d'explorateurs : ceux qui sont célébrés par le mythe et l'histoire, comme Marco Polo, dont le *Livre des merveilles du monde* nous enchante encore ; ceux qui ont traversé les déserts et les jungles, l'Arctique et l'Antarctique ; ceux aussi dont les voyages ont été plus intimes, comme les pérégrinations racontées par Xavier de Maistre dans *Voyage autour de ma chambre*. Et puis il en existe d'autres sortes : les voyageurs spirituels, parmi lesquels les grands ascètes et mystiques sont peut-être les plus courageux, quand ils négocient les sept sphères célestes et la distance incommensurable qui nous sépare de Dieu. Mais aucun n'était aussi incroyable que Teddy, qui avait compris que tout espace est liminal, que chaque moment est transitoire, que chaque geste est initiatique. Nous sommes donc entrés ensemble dans les ténèbres de l'Afrique avec crainte et tremblement, comme un rite de passage vers un autre lieu, un autre temps, un état de conscience supérieur. C'était un prolégomène à la vie.

⋆

Il est difficile, voire impossible, de concilier la vie chez soi et les voyages. J'ai imaginé, au début d'une période de voyages incessants, un musée portatif inspiré de Joseph Cornell, dans une antique boîte en bois conçue à l'origine pour transporter des instruments de topographie ou d'optique et qui aurait contenu : une gravure d'Odilon Redon, *Passage d'une âme*, incarnation de l'éphémère, sommet du mystère, source d'inspiration ; une poupée de Nedjar, ses *Poupées* grotesques étant des monstres familiers, annonciateurs de nos derniers instants, signes d'une résurrection perpétuelle ; quelques ex-voto en métal, non pas pour provoquer des miracles, mais plutôt pour créer le rébus d'un corps fantasmatique, comme dans les poupées de Hans Bellmer ; un presse-papier en verre d'un bleu de fin de soirée, rempli de minuscules bulles, symbole fragile de l'univers, à tenir dans le creux de la main ; et divers coquillages, pour ne pas oublier la relation troublante et inspirante qui unit la nature aux mathématiques. Je n'ai jamais réuni ces objets dans la boîte (bien qu'ils m'aient accompagné dans ma mémoire), et je me rends compte aujourd'hui que cette boîte aux trésors aurait constitué un parfait carrosse pour les voyages de Teddy. Quoique je frémisse à l'idée d'une confrontation possible entre Teddy et l'une des poupées de Nedjar !

★

Pendant les longues années d'hibernation de Teddy, j'ai voyagé dans le monde entier, mais je ne peux pas vraiment dire que mes voyages ont été des formes d'exploration. Je n'ai véritablement exploré qu'un seul lieu : les ténèbres de l'Afrique. Par la suite, partout où j'ai voyagé ou résidé, j'ai simplement *vécu*. Il est vrai que, dans mon jardin-terrasse à Paris, certaines activités peuvent être considérées comme des « explorations », par exemple la découverte de ces minuscules fleurs qui surgissent à partir de graines déposées dans des pots par les oiseaux, mais ce serait pousser le sens du mot un peu loin ; il en serait de même si je mentionnais la résonance exotique et paradoxale de la lune parisienne vue à travers le bambou japonais qui pousse également sur mon balcon.

Épuisé, j'attendais un matin à l'aéroport Tegel, à Berlin, mon vol de retour pour Paris. Ayant besoin de décompresser un moment après un séjour très mouvementé, je me suis rendu dans le fond de la salle d'embarquement, où était assise une unique personne sur une rangée de sièges par ailleurs vides, et j'ai choisi la place la plus éloignée d'elle. Asiatique ou d'origine asiatique, elle avait un certain âge et attendait tranquillement son vol. À son poignet gauche, un bracelet d'identification en plastique indiquait un récent séjour à l'hôpital, mais je ne pouvais dire de quelle maladie il s'agissait. Cette personne n'allait certainement pas troubler le moment d'introspection dont j'avais tant besoin, et, étant donné ma discrétion, j'espérais qu'elle penserait la même chose de moi. Ses gestes étaient encore plus circonspects que les miens, et après un certain temps, elle a réorganisé ses sacs et en a ouvert un avec précaution. Assurée que tout était en ordre et que les circonstances étaient appropriées, elle a extrait à moitié de ce sac une grenouille verte en peluche qu'elle installa de telle sorte qu'elle me fixait directement, puis, avec plus de soin encore, elle plaça à côté un minuscule ours en peluche, qui regardait également dans ma direction, mais plus timidement. De temps en temps, je jetais un coup d'œil vers eux, curieux de suivre leurs activités, mais ces deux créatures ne cessaient à aucun moment de me regarder fixement, ce que je trouvais à la fois touchant et inquiétant. Lorsque le vol a été annoncé, elle a sorti ses compagnons de son sac et les a conduits à la vitre pour leur montrer leur avion, leur expliquant quelque chose à voix basse. Elle a ensuite récupéré ses sacs et elle est montée à bord. J'étais ému, presque aux larmes. Je me suis demandé ce qui se serait passé si Teddy avait été là, près de moi, pour leur rendre leur regard.

*

Certains enfants habitent un monde secret, qui n'est pas gâché par le monde parallèle mais distinct des adultes ;

d'autres souhaitent y entrer, voire le dominer. J'étais de cette dernière catégorie, un enfant précoce et obstiné. Mes moyens de me faire une place dans ce monde des adultes étaient le vocabulaire, les parties d'échecs et l'arrogance, autant de domaines où j'excellais. Cependant, mes pouvoirs avaient des limites, car je ne comprenais pas un mot des diverses langues – polonais, hongrois, russe, allemand et yiddish – que l'on parlait autour de moi, ce qui explique peut-être la fascination que j'ai éprouvée toute ma vie pour le non-sens et pour la glossolalie, car tout cela était pour moi du charabia. Cela explique aussi certaines zones d'ignorance. Ne connaissant pas l'allemand, j'ai passé mon enfance sans savoir que Weiss désigne à la fois la blancheur et le savoir. Ce deuxième sens n'a probablement fait que renforcer mon arrogance, le premier aurait pu me conduire à m'interroger sur le fait que Teddy était un ours brun, alors qu'un ours polaire blanc eût été plus approprié pour l'enfant blond que j'étais. Le fait que le dernier glacier a cessé d'avancer en atteignant le Bronx explique peut-être mon manque d'esprit hyperboréen. (Que mes cheveux soient devenus châtains plus tard, pour correspondre à la teinte immuable de Teddy, m'a amené à m'interroger, et aujourd'hui qu'ils sont blancs, cette réflexion sur la race et l'espèce prend une pertinence particulière.) Quoi qu'il en soit, il est maintenant évident que le monde « adulte » dans lequel je cherchais à me faire admettre était une invention personnelle, et même, paradoxalement, une utopie « adulte » qui aurait exclu tous les adultes autour de moi – indignes d'entrer dans cet espace idéal –, peut-être même un domaine qui interdisait tout simplement le véritable âge adulte. Il va sans dire que l'exclusion d'un ours en peluche est une condition *a priori* de l'existence d'un tel monde « adulte ». Teddy a eu la bonne grâce de s'éclipser.

Pour décrire mon tempérament, peut-être puis-je proposer une allégorie : la célèbre *Vision de saint Augustin* de Sandro Botticelli, peinte en 1488 et aujourd'hui exposée aux Offices à Florence. On y voit le saint marcher sur une plage en méditant sur les mystères de la Sainte Trinité, quand il rencontre un garçon devant un petit trou creusé dans le sable :

« Que fais-tu, mon enfant ? » demande le saint.

« J'essaie de vider les eaux de l'océan avec ma cuillère dans ce trou que j'ai creusé dans le sable. »

« Mais mon enfant, c'est ridicule ! Tu n'y arriveras jamais ! Ta cuillère est si petite et l'océan si vaste ! »

« Oui, c'est sûr. Mais je pense que j'aurai fini avant que vous ne commenciez même à comprendre l'histoire de la Trinité. Ce mystère est si grand, et le cerveau si petit ! »

J'étais ce garçon, et la seule personne de mon entourage à être plus arrogante et plus perspicace que moi était Teddy. Il aurait sûrement dit : « Ce mystère est si grand et *votre* cerveau si petit. » Bien qu'étant mon compagnon constant, son attitude à mon égard était d'un snobisme et d'une supériorité extrêmes. Récemment, je l'ai entendu réciter, dans une sorte d'homélie adressée à Daruma et à l'odieux pique-épingles, ces vers d'un poème de W.B. Yeats, « Les poupées » :

Une poupée chez le fabricant de poupées
Regarde le berceau et hurle :
« Cette chose est pour nous une insulte. »

Je doute que Yeats ait eu conscience de préfigurer dans cette strophe, qui touche au cœur de l'étrange, tout un genre de films d'horreur. Cette déclamation de Teddy – ou devrais-je dire cette diatribe ? – me perturbe follement. Elle évoque *Il controdolore* d'Aldo Palazzeschi – que Teddy aurait parfaitement pu lire –, où l'auteur propose d'offrir aux enfants « des marionnettes bossues, aveugles, gangrenées, boiteuses, malingres, syphilitiques, qui mécaniquement pleurent, crient, se plaignent, qui ont des crises d'épilepsie, la peste, le choléra, des hémorragies, des hémorroïdes, des écoulements, des accès de folie, qui s'évanouissent, halètent, meurent ». Car la véritable étrangeté n'est pas celle des contes de fées, mais celle de notre environnement le plus intime.

Dans ses *Confessions* (la première autobiographie jamais écrite, qui reste, aujourd'hui encore, l'une des plus profondes), saint Augustin explore l'infini psychologique intérieur et l'infini mystique extérieur. Le passage du livre X sur la philosophie de la mémoire décrit les formes du souvenir et sonde les profondeurs de cette « immense galerie de la mémoire », « un sanctuaire vaste et sans limites », avec ses « ineffables recoins cachés ». Augustin, pour qui le néoplatonisme a été une étape cruciale de sa théologie mystique, s'est approprié la métaphore de la caverne de Platon, et son génie a été de faire de cette entreprise spéléologique la tâche de toute autobiographie. « Je distingue, sans faire appel à l'odorat, la senteur des lis de celle des violettes ; et je préfère le miel au moût, le poli au rugueux, sans rien goûter ni toucher, mais simplement en me souvenant. » La grotte, le miel et même les violettes dont le souvenir me parvient à travers les siècles comme un présage, tout indique la nature fondamentalement chthonienne et souterraine de la mémoire, distinguant la forme du chaos, la lumière de l'obscurité, la voix du silence, la pensée du corps. Cela me rappelle mes premiers dessins. Cela m'évoque aussi les ours. Est-il possible que l'ours soit le gardien de la mémoire, son esprit tutélaire, son familier ? Teddy, sous ses airs de créature de l'oubli, est-il une sorte d'avatar du souvenir ? En effet, comme le demande Augustin, « Qui en a touché le fond ? ». Ma propre mémoire commence avec Teddy, et il n'y a rien avant. Quant à Teddy, bien que n'ayant aucun moyen de le savoir, je soupçonne que son plus ancien souvenir est celui qu'il a de moi dans mon berceau.

VII

Je déballe ma bibliothèque, ou l'incertitude de l'arrivée

… le tombeau glacial du passé, de la voûte duquel le présent semble nous revenir comme un simple écho.

WALTER BENJAMIN,
Enfance berlinoise vers 1900

La dernière pleine lune que je devais voir à Dogwood Ridge est apparue à l'est sur l'horizon, là où j'avais si souvent vu se lever les homériques « aurores aux doigts de rose ». Soufflant dans les arbres enveloppés de brume, le vent troublait l'orbe de la lune, et, bientôt, la sphère lunaire, irradiant les chênes encore dénués de feuilles au printemps, s'est déformée au-delà de toute reconnaissance. Elle disparut presque immédiatement derrière les nuages, puis réapparut bientôt comme un fantôme. Profondément perturbé, j'ai enfoncé ma tête dans l'oreiller, en quête du souvenir – ou de l'anticipation – de lunes plus clémentes. Teddy semblait insensible à ce spectacle céleste de notre départ. Par la suite, tout s'est passé si précipitamment que la lune a été nouvelle avant que je n'y pense à nouveau.

Teddy n'a pas levé le petit doigt pour m'aider dans cette tâche colossale qu'est un déménagement – et un emménagement –, et, plus que tout, il s'est abstenu de s'occuper de ma bibliothèque, passant son temps à chercher le meilleur endroit où s'installer. Le fauteuil en cuir n'étant plus disponible, il a d'abord opté pour le manteau de la cheminée, mais, après réflexion – vu les dangers évidents que présentait la situation –, il a finalement choisi une table offrant une vue dégagée sur le bureau où j'allais écrire ces lignes. Sa joie de voir les étagères vides de la bibliothèque était assez déconcertante : Teddy est la créature d'un seul livre… le sien. Mais je dois admettre qu'il n'apparaît plus comme le Teddy en majesté qu'il était sur son trône à Dogwood Ridge.

*

Un matin, alors que je me promenais sur le port de Nice, j'ai été le témoin d'une allégorie de la temporalité humaine, d'une tentative d'arrêter le temps, de s'enliser dans le temps, de se fondre dans le temps. Levant les yeux vers le clocher de l'église Notre-Dame-du-Port pour voir l'heure qui s'affichait à l'horloge, j'ai soudain été confronté à un spectacle digne d'un film de Buster Keaton. Contre le cadran se trouvait un homme – manifestement en train de faire une sorte de réglage mécanique – qui évoquait l'homme de Vitruve de Léonard de Vinci, mais avec un bras pointant vers le ciel, l'autre vers sa gauche, indiquant ainsi trois heures. Il faisait corps avec l'horloge : l'homme comme mesure de l'espace, mais aussi du temps. Hélas, il n'y a qu'un seul moyen de vraiment arrêter le temps…

★

Fuyant l'avancée de l'armée allemande, Walter Benjamin quitte Paris le 13 juin 1940, après avoir écrit ce qui figure parmi ses dernières pensées, publiées à titre posthume en dernière partie de ses *Thèses sur le concept d'histoire* : « On sait qu'il était interdit aux juifs d'interroger l'avenir. La Torah et la prière, en revanche, leur enseignaient la commémoration. » Il n'aura aucun avenir, puisqu'il se suicidera près de la frontière espagnole à peine trois mois plus tard. Toute son œuvre étant empreinte d'un sentiment d'allégorie, il était approprié que nous rendions hommage à sa vie en faisant de sa mort une allégorie : seul est promis le passé, jamais l'avenir.

★

« Azamuash ! » Mon tout premier mot, si l'on peut parler d'un mot. Après la glossolalie et l'écholalie, cette expression de mon véritable moi a surgi. Et cependant, non seulement c'est l'unique mot de mon vocabulaire qui demeure un mystère pour moi, mais c'est aussi le seul dans ma mémoire qui soit antérieur à la présence de Teddy. Ma mère n'a cessé de s'interroger sur la signification de ce terme, un *hapax legomenon*, qui n'apparaît qu'une seule fois dans mon propre discours, mais aussi – si j'en crois une longue recherche sur Internet – une seule fois dans l'histoire de l'humanité. J'ai modestement inventé plusieurs mots, dont celui de « psychopompomanie », inspiré d'Artaud et en rapport avec Teddy, mais « azamuash » est une tout autre chose ; c'est la source même de mon langage, le noyau mystique de mon être, l'emblème de mon émergence dans le discours. C'est le seul secret que je ne partage pas avec Teddy, et un secret que moi-même je ne comprendrai peut-être jamais. (Mais puis-je savoir quelque chose que Teddy ne sait pas ?) Peut-être contient-il la clé de mes rêves et de mon inconscient. La bonne forme littéraire me ferait espérer un moment révélateur, un Rosebud, mais je suis sûr que cela ne se produira jamais.

*

Je déballe mes premières chaussures de bébé, minuscules, trop petites pour être vraies, ainsi que leur simulacre : une paire de chaussures de bébé en porcelaine. Offertes à ma mère à la maternité, juste après ma naissance, elles sont chargées de bleuets et de gypsophiles blancs (en anglais *baby's breath*, c'est-à-dire « souffles de bébé »). Nouveau-né, j'étais le futur immaculé, et pas même Teddy n'était là pour abaisser la pureté de mon âme éventuelle. Étranges, cependant, ces chaussures en porcelaine, comme si j'avais été confronté à mon propre mémorial avant même d'avoir eu l'occasion d'exister.

Juste à côté, je retrouve la boîte en plastique compartimentée dans laquelle j'avais soigneusement emballé une myriade de petits objets précieux – fossiles, cristaux, galets, poupées, amulettes, bibelots, gadgets, babioles, bricoles –, et je l'ouvre pour en examiner le contenu. Le malheur me saisit aussitôt: la magie a disparu, la poésie s'est envolée. C'est un peu comme si Teddy avait été expulsé de son bonnet et relégué dans une boîte à chaussures, avec Daruma et l'exécrable pique-épingles rangés chacun dans sa boîte. (Heureusement pour moi, cela ne s'est pas produit!) Tant qu'ils étaient dans leur panier en osier, dans ma bibliothèque de Dogwood Ridge, la juxtaposition aléatoire et toujours changeante de ces minuscules objets créait une circulation et une hybridation féconde de magies, une perméabilité de cultes et de cultures, une porosité d'environnements, un palimpseste d'histoires, une panoplie d'attentes. Désormais logiquement organisés et catégorisés dans leurs compartiments étanches, toute relation entre eux semblait être devenue impossible. Figures sans arrière-plan, objets sans contexte: leur sens est perdu, leur lien avec ma vie est brisé. Un emballage irréfléchi – ou un emballage trop strictement régi par la logique des catégories et des impératifs instrumentaux – équivaut à un glas.

À part trouver une place confortable pour Teddy – ce qui n'était pas une mince affaire –, ma principale tâche dans ce déballage était de réorganiser ma bibliothèque. Quelque temps avant que le déménagement ne devienne réalité, je me suis laissé prendre par ce fantasme – que presque tous les écrivains nourrissent au moins une fois dans leur vie – de vouloir me limiter aux cent livres essentiels. (Seul un imbécile confondra cette liste avec celle des livres à emporter sur une « île déserte », ces derniers devant naturellement comprendre des manuels de survie, des ouvrages de botanique, des guides météorologiques, des atlas astronomiques, etc., sans compter les livres charmants et inlassablement utiles que sont *Stalking the Wild Asparagus*, *Stalking the Blue-Eyed Scallop* et *Stalking the Healthful Herbs* d'Euell Gibbons, grand spécialiste de la consommation de plantes sauvages.) Peu importe que cette liste de livres change à chaque période de la vie, probablement même d'un jour à l'autre. Une telle condensation va à l'essentiel, et parfois touche au vif du sujet. De toute façon, cent livres ne sont pas seulement cent livres, mais un nombre incalculable de juxtapositions possibles. Quelques-unes des conjonctions résultant de ma liste singulièrement canonique et alphabétiquement organisée m'ont immédiatement frappé, chacune pour une raison différente :

Walter Benjamin, *Sens unique*
Jorge Luis Borges, *Labyrinthes*

André Breton, *Nadja*
Martin Buber, *Les Récits hassidiques*

Robert Burton, *Anatomie de la mélancolie*
John Cage, *Silence*

André Gide, *L'Immoraliste*
Allen Ginsberg, *Howl*

En me demandant comment créer des catégories plus efficaces pour ma bibliothèque, j'ai relu le court essai d'Umberto Eco *De Bibliotheca*, largement inspiré de « La bibliothèque de Babel » de Jorge Luis Borges. Il en ressort clairement que toute bibliothèque, réelle ou imaginaire, dans laquelle on peut entrer et se promener au milieu des rayonnages est une bibliothèque idéale, précisément parce que chaque livre n'existe pas en tant qu'entité isolée, mais en relation avec ce qui l'entoure, ce qui encourage la sérendipité de la rencontre. Le lecteur doit avoir accès aux livres, mais aussi au contexte. Combien de fois me suis-je promené dans ma bibliothèque souterraine de Dogwood Ridge, alors que Teddy, à mon insu, dormait du sommeil de l'innocent à quelques mètres de là ? Combien d'exploits littéraires ai-je accomplis pendant son séjour au pays des rêves ? J'ai lu *Les Mille et Une Nuits* nuit après nuit, pour découvrir que la vérité du temps est à la fois dans le cours du fleuve et dans le récit, et que le secret de la narration est un sursis, une absolution que j'attends chaque fois que j'ouvre un livre ; j'ai lu trois fois, intégralement, *À la recherche du temps perdu* de Proust, pour découvrir que la narration est un labyrinthe, fait du passage du temps parmi les sentiers bifurqués où j'ai découvert les ironies du sort. J'ai lu des centaines de textes sur *Les Fleurs du mal* de Baudelaire, dont, bien sûr, *Le Livre des passages* de Walter Benjamin, incomplet (et inachevable), pour me rendre compte que l'histoire n'est que le temps de la narration, et que mon avenir commence là où s'arrête le passé d'un autre. J'ai lu, et relu, et oublié, des centaines et des centaines d'ouvrages de philosophie, dans lesquels le souvenir et l'imagination, la passion et la perversité sont étouffés par des syllogismes exsangues, et où le fleuve du temps est asséché, desséché au point qu'il ne reste plus que l'espace aride du lit d'un cours d'eau couvert de mauvaises herbes.

⋆

Il reste peu de traces de ma petite enfance. Il m'arrive de demander à Teddy de m'éclairer sur certains points, mais il est rarement disposé à le faire, soit parce qu'il a refoulé tous les souvenirs de cette époque, soit parce que, de mauvais poil, il ne souhaite pas m'aider. J'espère au moins que certains objets pourront me rafraîchir la mémoire. J'ai toujours eu, dès mon plus jeune âge semble-t-il, une constitution des plus contradictoires : je suis collectionneur, mais je déteste voir des objets superflus. Certes, avec le recul, je me rends compte qu'il m'est arrivé de manquer de prévoyance et de penser pouvoir me débarrasser de collections entières que je jugeais sans intérêt. Ainsi, en quittant le Queens pour emménager à Dogwood Ridge, j'ai jeté une collection de cartes de baseball de mon enfance et une autre de bandes dessinées – *Batman*, *Superman*, *Spider-Man* – qui valent aujourd'hui une petite fortune. C'est pourquoi il ne me reste rien de ma bibliothèque d'enfance, à l'exception d'un seul livre, qui a échappé aux purges périodiques : *Donald Duck and the Hidden Gold*. Malgré la célébrité universelle du personnage, ni le récit ni les illustrations ne se distinguent particulièrement (en fait, ils sont plutôt médiocres, c'est le moins que l'on puisse dire), à l'exception des premiers mots absolument stupéfiants, voire shakespeariens : « Shake, shake, shiver ! »

Les années ont passé. J'ai grandi, comme on dit. Les limites de ma mémoire sont devenues de plus en plus vastes, ses profondeurs de plus en plus obscures, son contenu de plus en plus diversifié et souvent irrationnel. Teddy s'est éloigné, sans même que je m'en aperçoive. J'ai commencé à jouer avec des petits soldats, jusqu'à ce que je me rende compte que, dans ces jeux, il n'était pas seulement question de tactique, mais aussi de sang ; pas seulement de stratégie, mais aussi de mort. Pour un tout jeune enfant, la mort n'existe pas ; puis, un jour, elle arrive subrepticement, mais seulement comme quelque chose du passé ; enfin elle apparaît inexorablement et en majesté, absolument présente, pour dominer nos vies parce qu'elle est notre avenir inévitable, inéluctable. J'ai donc rapidement sublimé ces activités indûment morbides en jouant aux échecs, mais j'ai finalement pris conscience que ce jeu ressemblait beaucoup aux preuves syllogistiques de la logique symbolique que j'allais bientôt apprendre à détester durant mes études de philosophie. Car, comme le disait Nietzsche, une philosophie qui ne nous apprend pas à vivre ne vaut pas la peine d'être lue. Avec la disparition de Teddy, j'ai perdu toute une série de compétences. Je comprends maintenant qu'il était à la fois l'esprit et la chair.

À douze ans, à la toute fin de mon enfance, mon cynisme et mon pessimisme étaient déjà tels que je préférais de loin le monde des livres à celui de toute réalité supposée. Ce qui allait devenir ma bibliothèque idéale était déjà en formation, sinon dans les faits, du moins mentalement. Il me faudra attendre des décennies pour découvrir d'autres beautés que celles de la littérature, pour devenir un véritable collectionneur, pour pouvoir proclamer, après avoir lu *Paterson,* le poème bien-aimé de William Carlos Williams : « Dis-le, il n'est d'idées que dans les choses. » Un moment traumatisant se détache dans ma mémoire. En dernière année d'école primaire, alors que j'étais à l'orée de l'adolescence, il nous a été demandé de créer une marionnette, avec une tête en papier mâché, un corps vêtu et une barre de contrôle classique pour actionner le mouvement. Je détestais le côté gluant du papier trempé, je me débattais avec les exigences de devoir représenter un personnage, et je maudissais la joie de mes camarades de classe, ravis de pouvoir échapper à leurs habituels devoirs de lecture. Seul mon meilleur ami K. a souffert comme moi. Tout autour de nous, des corps prenaient forme, des cordes apparaissaient à la façon de toiles d'araignées subrepticement tissées, une forêt de bâtons et de tiges surgissait, des bras et des jambes se mettaient à bouger comme par enchantement. Incarnation, animation, magie ! Pendant ce temps, nous avions tous deux l'impression de régresser, nos têtes sans corps devenant de plus en plus grotesques à mesure que nous essayions de leur donner forme. Toute la salle de classe était remplie d'un bavardage d'êtres articulés assumant une vie propre, mais sur nos tables se trouvaient des échecs totaux, des abominations : dévitalisées, défigurées, dévastées.

Alors que notre projet de marionnettes s'approchait de sa conclusion paroxystique, nous avons appris que, lors de la prochaine assemblée générale, nous serions honorés par la présence d'un grand (ou supposé grand) poète, qu'il conviendrait d'accueillir comme il se doit. C'est alors que notre institutrice a eu une idée de génie : elle a regardé le travail catastrophique de mon camarade – totalement bâclé, visiblement imperfectible, hideusement laid – et a déclaré, avec la joie que procure toute découverte esthétique, que c'était un portrait presque parfait de notre barde ! Une fausse couche était élevée au rang de sculpture, tandis qu'une autre (la mienne) devenait objet de rebut. Des années plus tard, je devais découvrir le « Traité des mannequins ou la seconde Genèse », une extraordinaire nouvelle de Bruno Schulz, l'un des contes réunis dans *Les Boutiques de cannelle*, où le père du narrateur prononce un panégyrique en l'honneur de la matière brute : « Le Démiurge était amoureux de matériaux solides, compliqués et raffinés ; nous donnons, nous, la préférence à la camelote. » Je pense aujourd'hui que Teddy n'est sûrement pas étranger à mon échec, lui qui exècre les marionnettes en raison de leur totale dépendance. Adepte d'Edward Gordon Craig – qui considère la marionnette comme une forme divine dégénérée –, Teddy n'a d'estime que pour la sur-marionnette, rêvant d'un théâtre où les marionnettes seraient autonomes et les humains transformés en marionnettes. Personnellement, je vois plutôt dans la marionnette un humanoïde décadent, mais quoi qu'il en soit, à mon insu à l'époque, cette ingérence dans mon travail de création d'une marionnette a été la dernière tentative de Teddy de m'influencer avant de se cacher, puis d'hiberner. C'est une leçon que je n'ai pas retenue, car j'étais déjà perdu dans les livres.

⋆

« Quand il arrive dans une nouvelle ville, le voyageur retrouve une part de son passé dont il ne savait plus qu'il la possédait », écrit Italo Calvino dans *Les Villes invisibles*. En généralisant, on peut affirmer que le passé se transforme perpétuellement, à chaque instant, dans chaque nouveau lieu, de sorte que nous sommes constamment reconstruits à neuf. J'écris ces mots en haut d'un immeuble de Manhattan en regardant un « canyon » qui donne sur le Queensboro Bridge, l'une des merveilles méconnues de la ville de New York. Ce pont (aussi dépourvu de gloire et d'admirateurs qu'il est incertain de son identité, étant également connu sous le nom de 59th Street Bridge et, maintenant, officiellement, d'Ed Koch Queensboro Bridge) est un jeu de construction grandiose : mécanique, logique, rationnel, où le mode de soutien de chaque kilo de matériau est immédiatement apparent. Il a la force et la précision d'un champion d'haltérophilie, par opposition à la grâce marionnettique et à l'apparente apesanteur qui caractérisent un pont plus ancien et bien plus célèbre, le Brooklyn Bridge, une apparition mystique, un poème de pierre et d'acier, où les courbes hyperboliques des câbles disent l'infini, et où l'intégralité de la structure est un délicat hymne visuel, célébré dans «To Brooklyn Bridge» de Hart Crane, qui évoque son «idiome vif et continu», une condensation d'éternité «qui prête un mythe à Dieu» : «Comment le simple labeur a-t-il pu aligner ces cordes qui chantent en chœur ?»

Je réside dans une vraie tour, non pas d'ivoire ni de ce matériau immatériel de l'imagination dont sont construites les plus belles tours, mais d'acier et de pierre et de verre. Le genre de bâtiment moderne où il est impossible d'imaginer qu'une victime sacrificielle soit enterrée sous les fondations, improbable de penser que les Lares et les Pénates daignent prendre l'ascenseur pour venir protéger ma nouvelle demeure. Ma bibliothèque, très réduite par rapport aux dix mille volumes qu'elle comptait, est réorganisée, et elle a un aspect panoptique, tout en étant aménagée logiquement et facilement ac[illegible]sible. Le chaos de mon ancienne bibliothèque semble avoir disparu, et la question récurrente de savoir si je trouverai tel livre dans ma bibliothèque primaire, secondaire ou tertiaire (ou même si je le trouverai tout court) ne se pose plus. C'est du moins ce que j'avais espéré. Car démanteler et réorganiser en quarante jours une bibliothèque qui a mis quarante ans à se constituer est pure folie. Déjà, des problèmes se posent. L'analyse la plus merveilleuse de l'hérésie et de l'abus brutal du pouvoir, *Le Fromage et les vers* de Carlo Ginzburg, est réapparue après des décennies d'absence, pour disparaître à nouveau immédiatement, manifestement à la suite d'un classement mal pensé ; les *Confessions d'un mangeur d'opium anglais* de Thomas De Quincey, que j'avais prévu de relire, doivent être quelque part, mais le livre a échappé à mon attention, il peut donc se trouver n'importe où ; le *Whole Earth Catalog* (ou était-ce *The Last Whole Earth Catalog* ?) est perdu, mais comment aurais-je pu perdre un ouvrage d'un format aussi grand ? Par contre, il y a eu quelques surprises agréables, comme l'apparition heureuse d'un petit ouvrage illustré sur les nœuds et les épissures, que je possédais sans même le savoir : *Knots & Splices*. Un jour, mon ami le grand artiste radiophonique G. avait mentionné que ces entrelacements complexes inspiraient certains de ses récits (un peu comme les compositions musicales de Morton Feldman étaient inspirées par les motifs des tapis du Proche- et du Moyen-Orient qu'il collectionnait), une suggestion que j'allais bientôt tester. Mais avec quels nœuds ? Les possibilités sont innombrables : le nœud de lapin, le nœud de papillon, la queue de vache, le poing de singe, le nœud de tête d'alouette, le nœud d'eau, la tresse océan, la tresse de diamant, le nœud de voleur, le nœud de fouet, le nœud de pendu, le nœud à guillotine, le nœud trompe la mort, le nœud de magicien, le lacs d'amour, le nœud scoubidou, le nœud chinois en as de trèfle, le nœud simple double, le nœud borroméen, le nœud gordien, le nœud de Palomar, le nœud de Calvino, le nœud de Nabokov, le nœud de Cortázar, le nœud coulant de Kafka, l'épissure de Joyce, l'impossible nœud de Borges. Je ne peux m'empêcher de penser au chrisme *Chi-Rho*, symbole du Christ dans les Évangiles de Lindisfarne, l'un des exemples suprêmes de la calligraphie mondiale, avec ses labyrinthes inextricables de lignes entrelacées, et je ne suis guère surpris d'apprendre que Lindisfarne est une île, l'île sainte, dont le monastère dépend, pour son existence même, des nœuds de marins.

Je me demande toutefois si des juxtapositions inattendues de livres peuvent encore constituer une source d'inspiration. Il existe une théorie obscure d'Ewald Hering, physiologiste prussien aujourd'hui oublié (dont les travaux ont eu une certaine influence sur Aby Warburg), qui prétend que « la mémoire est une matière organisée ». Si tel est le cas, ma mémoire devrait être photographique, du moins lorsqu'elle occupe ma bibliothèque. Hélas, c'est tout le contraire qui se produit, car le traumatisme du déracinement l'emporte sur la tranquillité désirée de la réinstallation. Je me console avec la « méthodologie de la sérendipité » de Warburg, comme certains ont appelé sa technique d'organisation (ou plutôt de désorganisation), selon laquelle sa vaste bibliothèque devait être réorganisée au début de chaque nouveau projet de recherche. C'est à prendre en considération. Quoi qu'il en soit, je dois admettre que si éliminer la poussière sur la tranche supérieure de tant de livres a été un soulagement, je ne peux que m'inquiéter des conséquences poétiques et métaphysiques d'un monde sans poussière, l'un des vernis préférés du temps.

Malgré notre culture matérialiste, des rituels survivent quand on s'installe dans une nouvelle maison. Un ami luso-brésilien, A., m'a apporté du sel, du vin et un petit caillou, expliquant qu'au Portugal une pierre remplace parfois l'offrande plus courante du pain. (Bien que cela n'ait probablement aucun rapport, la curiosité de ce cadeau lithique évoque la *sopa de pedra* portugaise, la « soupe de pierre », commune à la plupart des cultures méditerranéennes. Je ne peux m'empêcher de me demander s'il n'y a pas un rapport entre la « soupe de pierre » et la *soupe des morts*, également méditerranéenne, que l'historien de l'art niçois X. appelle la *soupe de l'abîme* et la *soupe des oracles*. À cet égard, il mentionne spécifiquement la bizarrerie de la *mummia* – qui ressemble à de la morue séchée, mais faite de momies égyptiennes vendues à prix d'or –, à laquelle on prêtait des propriétés divinatoires. Quoi qu'il en soit, ce n'est guère le lieu ici de commencer un discours sur la cuisine prophétique.) Quelques semaines plus tôt, en quittant définitivement ma maison, j'avais placé une pierre semblable sur la tombe de mon père. L'autre rite habituel – un travail plus qu'un rite – consiste à repeindre le nouveau logement. Compte tenu de mon nom et de ma profession, il n'est pas surprenant que j'aie choisi le « blanc papier » comme couleur de fond pour ma bibliothèque, mais le peintre – un Irlandais génial et farfelu, amateur d'art et artisan compétent, et un peu lutin sur les bords – a laissé son empreinte en remplaçant secrètement mon choix par un blanc cassé très subtil, teinté de vert, un ton « brume irlandaise ».

La réapparition de Teddy a eu de nombreuses conséquences, dont l'une porte sur mon mode de lecture. À l'université, j'étais devenu adepte de la lecture rapide, et je n'ose pas dire à quelle vitesse je lisais pour ne pas provoquer l'incrédulité des lecteurs ou dégoûter les auteurs. Mais bien sûr, il est exagéré de qualifier la « lecture rapide » de lecture à proprement parler. C'est plutôt une sorte de distillation (certains diraient de dégradation), un moyen de recueillir rapidement un minimum de sens à partir d'un maximum de beauté, quelles que soient les raisons pratiques que l'on puisse invoquer. En anglais, on dit « écrémer un livre », pour « lire en diagonale », mais cette métaphore ne permet pas vraiment de savoir si l'on parle de crème ou d'écume, ni quelle est la partie que l'on assimile. Dans la plupart des cas, hélas, on prend l'écume et on élimine l'essence. À la résurgence de Teddy, la tâche d'écrire son autobiographie a nécessité un projet concerté de relecture, dont les joies sont sans limites, car je lis maintenant au bon rythme, c'est-à-dire à la vitesse du souffle qui vit, du cœur qui bat, de la main qui fait des gestes. Ces premières lectures rapides, il y a si longtemps, n'étaient qu'un prélude raté à mes activités actuelles, qui ont transformé ma façon de vivre ma bibliothèque.

Cela dit, tout n'est pas parfait. Non seulement je regrette de ne plus avoir de bibliothèque secondaire et tertiaire à l'étage en dessous, mais les escaliers eux-mêmes me manquent. Si l'ascenseur est la réalisation d'un rêve ancien de l'humanité, celui de voler, les escaliers constituent plus profondément la structure même de l'espace humanisé, d'où leur apparition constante et puissante dans les rêves. Bachelard définit la maison comme une forme fondamentale de verticalité, une polarité entre le grenier et la cave – le ciel et le monde souterrain – articulée par des escaliers. La rationalité du grenier, où les formes de la pièce et les structures de la charpente sont pleinement visibles, compréhensibles, rassurantes, s'oppose à l'irrationalité de la cave, avec ses recoins cachés, ses liens souterrains, ses secrets terrifiants. Perdre la cave, c'est perdre l'inconscient. Et en ce qui concerne plus particulièrement Teddy, cette perte est critique pour son hibernation future. Mon immeuble dispose en fait d'espaces de stockage souterrains, mais ils se présentent sous la forme d'une rangée apparemment interminable de structures semblables à des cages. Inutile de dire qu'il est inconcevable que Teddy – qui rêve toujours de Lascaux et qui est horrifié par les zoos, les cirques ou les prisons

– envisage d'entrer dans un espace composé de cages. Il semble chagriné, voire traumatisé, par sa séparation d'avec la terre.

Teddy a emménagé à Manhattan avec son petit habitat, demeuré en l'état. Comme moi, il est devenu, bien qu'à contrecœur, un troglodyte perché à mi-hauteur dans une falaise. Ayant entendu parler de l'immense complexité souterraine, presque infinie, de cette métropole (avec ses égouts, conduites de vapeur, canalisations d'eau, réseaux électriques, métros, tunnels ferroviaires, passages secrets et villages souterrains connus des seuls initiés), il imaginait un tout nouveau monde de grottes et de cavernes, où il pourrait construire une habitation supérieure à la merveilleuse grotte de Vénus créée par Louis II de Bavière, le roi fou, le roi des lunes, sur la propriété de son château de Linderhof. Mais bien sûr, cela ne se fera pas. Pour l'inspirer, j'ai essayé d'expliquer que l'emplacement de ce bâtiment se trouve sur les anciennes terres sacrées de la tribu des Reekgawawanck, mais Teddy ne s'est pas intéressé à la question. Il a longtemps hésité avant de choisir l'emplacement définitif de son habitation, et quand j'ai vu qu'il se trouvait juste en dessous de *Battant la faux* de Kollwitz, je me suis inquiété. Teddy semble même avoir repris la pose de cette figure horrifique, la faux mortifère en moins, et je me demande si ce n'est pas là un signe de sa lassitude du monde, ce que Warburg appelait une *Weltschmerzstimmungspose*. Baigné par la luminosité de la métropole et encadré par les bâtiments du canyon balayé par les vents, Teddy semble tout petit et déplacé, plus petit que la lune, plus petit et tout aussi éphémère. De Daruma, maintenant plongé sous les galons, on ne voit que la couronne de sa tête, comme le sommet d'un œuf de Pâques, un simple point orange. Seul l'infernal pique-épingles est pleinement présent.

J'avais toujours imaginé le déménagement comme une nécessité des plus fantasques, une série de métamorphoses où les objets se transformeraient miraculeusement en quittant les lieux qui leur étaient assignés depuis des décennies, où les gens prendraient des physionomies nouvelles et inattendues, exotiques comme celles de nos rêves, où les étoiles se réorienteraient pour pointer la direction d'un nouvel avenir. J'imaginais en quelque sorte que ce déménagement réconcilierait mon passé avec mon avenir, et Teddy avec moi-même. Une réconciliation ? Plutôt une rupture. En arrivant à la fin de ce récit, j'ai l'impression de m'approcher d'un miroir, sans savoir le moins du monde si je finirais par me voir tel que je suis, si je passerais à travers le miroir ou si je m'y casserais le nez. En considérant *L'Autobiographie de Teddy* et son paradoxe narratif, je ne peux m'empêcher d'évoquer l'ancienne parabole chinoise : « Zhuangzi rêva un jour qu'il était un papillon, un papillon qui voletait et voltigeait, heureux d'être lui-même et ignorant qu'il était Zhuangzi. Soudain, il se réveilla pour redevenir lui-même. Mais il ne savait plus s'il était un homme rêvant qu'il était un papillon, ou un papillon rêvant qu'il était un homme. » Comme *Les Mille et Une Nuits*, le rêve de Zhuangzi est connu de tout écrivain de fiction. Dans

Enfance berlinoise, Walter Benjamin en propose sa propre version : « Il commençait à s'établir entre nous la vieille loi de la vénerie : d'autant plus je me conformais de toutes mes fibres à l'animal et d'autant plus je devenais papillonnesque en moi-même, d'autant plus ce papillon revêtait la couleur de la décision humaine, et enfin c'était comme si le capturer était le prix auquel je pouvais récupérer mon être humain. » Sa capture : sa mort.

Teddy devient de plus en plus petit. Il est maintenant minuscule. Il a vieilli soudainement, ses rides – qui ne sont plus brouillées ni camouflées par la lumière réticulée qui traversait les feuilles et pénétrait par les fenêtres de ma bibliothèque à Dogwood Ridge – apparaissent en plein relief, baignées par la lumière du soleil qui inonde la tour. Pendant tout ce temps, Teddy a lentement reculé dans le lointain, dans mon passé. Alors que mes investigations me rapprochent de sa jeunesse, il manifeste un début de sénescence, comme s'il perdait lentement son âme. Car après tout, compte tenu de l'espérance de vie moyenne des ours, Teddy a atteint un âge biblique. Et pourtant, il me survivra très certainement. Mais qu'est-ce que cela peut vouloir dire, puisque ses attributs sont les miens, et que ses rides révèlent les particularités de *mon* âme ? Nous n'avons presque plus rien en commun. Comment est-ce possible ? Il a toujours été le plus proche, et il est aujourd'hui le plus éloigné. Notre lien a toujours été impérissable, mais je sais maintenant que Teddy est sur le point de gagner son autonomie, sans savoir si c'est grâce à cette autobiographie ou par crainte que je ne l'oublie.

Chaque image, chaque souvenir est une allégorie de sa propre disparition. Je trouve une boîte remplie d'un enchevêtrement de photographies représentant l'entourage de mes parents – prises pour la plupart juste avant ou juste après la Seconde Guerre mondiale, en Pologne, en Hongrie, en Allemagne, quelques-unes peut-être au Canada et aux États-Unis – un enchevêtrement de fils du temps, inextricablement noués, de fils inutiles, de visages inconnus qui, pour la plupart, me regardent directement avec des expressions tantôt interrogatives, tantôt déterminées, mais le plus souvent en exprimant une émotion ou une intention indéfinies; des visages qui ne sont plus identifiables, des personnes qui, selon toute vraisemblance, étant donné leur âge sur les photos, sont déjà trois fois parties: d'abord en exil, puis dans la mort, et enfin dans l'oubli. Au moment où j'écris ces lignes, ces pensées – tout comme Teddy, tout comme ma vie – glissent de la réalité vers la rêverie, puis vers le souvenir, pour finalement flotter dans le fleuve Léthé. Chaque minute qui passe, chaque jour qui s'écoule, chaque année, chaque décennie, je me retrouve séparé de ceux que j'ai aimés et perdus, de ces femmes que j'ai désirées et dont j'ai oublié le visage, de ces vins que j'avais envie d'apprécier, mais que je n'ai jamais réussi à savourer, de ces poèmes lus d'innombrables fois mais qui ne sont jamais entrés dans ma bibliothèque idéale. Autant de signes destinés à me montrer que je suis perpétuellement séparé de moi-même, que je suis toujours un autre. Alors que j'arrive à la fin de ce livre, je réalise que Teddy existe pour moi, et pour moi seul. Il est maintenant sur le point de disparaître pour toujours.

BIBLIOGRAPHIE

Cette bibliographie a été établie à titre indicatif pour le lecteur français. Beaucoup de citations ont été traduites directement des sources américaines. Celles en exergue extraites des Élégies de Duino *de Rainer Maria Rilke ont été traduites directement de l'allemand.*

PETER ALEXANDER, « Logic and the Humor of Lewis Carroll », dans *Proceedings of the Leeds Philosophical Society*, vol. 6 [1951], cité dans MARTIN GARDNER (dir.), *The Annotated Alice*, New York, Bramhall House, 1960.

ANTONIN ARTAUD, *Le Théâtre et son double* [1938], dans *Œuvres complètes*, vol. IV, Paris, Gallimard, 1970.

SAINT AUGUSTIN, *Confessions* [vers 400], livre X, Paris, La Pléiade, 1998.

GASTON BACHELARD, *L'Air et les Songes*, Paris, José Corti, 1943.

GASTON BACHELARD, *La Poétique de l'espace*, Paris, PUF, 1957.

WALTER BENJAMIN, *Paris, Capitale du XIXe siècle. Le livre des passages,* trad. Jean Lacoste, Paris, les Éditions du Cerf, 1989.

WALTER BENJAMIN, *Enfance berlinoise vers 1900*, trad. et préface de Pierre Rusch, Paris, Hermann, 2014.

WALTER BENJAMIN, *Je déballe ma bibliothèque* [1931], trad. Philippe Ivernel, Paris, Rivages Poche, 2015.

Walter Benjamin, « Sur le concept d'histoire » [1940], dans *Écrits français*, Paris, Gallimard, 1991.

Bruno Bettelheim, *Psychanalyse des contes de fées*, trad. Théo Carlier, Paris, Robert Laffont 1976, réédition Pocket, 1999.

Jorge Luis Borges, « La bibliothèque de Babel » [1941], et « La muraille et les livres » [1961], dans *Œuvres complètes*, Paris, La Pléiade, 2010.

Italo Calvino, *Les Villes invisibles*, Paris, Gallimard, 2013.

Luciana Canfora, *La Véritable Histoire de la bibliothèque d'Alexandrie* [1987], trad. Jean-Paul Manganaro, Danielle Dubroca, Paris, éditions Desjonquères, 1988.

Lewis Carroll, *De l'autre côté du miroir* [1871], dans *Œuvres*, Paris, La Pléiade, 1990.

Hart Crane, « To Brooklyn Bridge », dans *The Bridge*, Paris, Black Sun Press, 1930.

Umberto Eco, *De Bibliotheca* [1981], trad. Eliane Deschamps-Pria, Caen, L'Échoppe, 1986.

Gustave Flaubert, *La Tentation de saint Antoine*, Paris, 1874.

André Gide, *L'Immoraliste*, Paris, Mercure de France, 1902.

Heinrich von Kleist, *Sur le théâtre de marionnettes* [1810], trad. Brice Germain, Paris, Sillage, 2010.

Joseph de Maistre, *Les Soirées de Saint-Pétersbourg*, Paris, 1821.

Yoko Ono, « TAPE PIECE I : Stone Piece » [1964], dans *Grapefruit*, New York, Simon & Schuster, 2000.

Aldo Palazzeschi, *Il Controdolore. Manifesto futurista*, Milan, 1913.

Blaise Pascal, *Pensées*, Paris, 1670.

Rainer Maria Rilke, *Duineser Elegien*, Leipzig, Insel-Verlag, 1923. Les *Élégies de Duino* ont connu plusieurs traductions et éditions en français.

Rainer Maria Rilke, *Les Carnets de Malte Laurids Brigge* [1910], dans *Œuvres en prose*, Paris, La Pléiade, 1990.

Bruno Schulz, *Œuvres complètes. Les Boutiques de cannelle. Le*

Sanatorium au croque-mort. Essais critiques. Correspondance, trad. du polonais et préface de Serge Fauchereau, Paris, Denoël, 2004.
Allen S. Weiss, *Autobiographie dans un chou farci*, Paris, Mercure de France, 2006.
Allen S. Weiss, *Comment cuisiner un phénix*, Paris, Mercure de France, 2004.
Allen S. Weiss, *Le Livre bouffon*, Paris, Éditions du Seuil, 2009.
Allen S. Weiss, *Métaphysique de la miette*, Paris, Argol Éditions, 2013.
Walt Whitman, *Song of Myself* [1855], dans *The Portable Whitman*, New York, Viking Press, 1971.
William Carlos Williams, *Paterson* [1946-1958], New York, New Directions, 1963.
William Butler Yeats, «The Dolls» [1914], dans *The Collected Poems of W.B. Yeats*, New York, Macmillan, 1970.

HAUTE ENFANCE

Titres parus aux Éditions Gallimard :

Patrick Chamoiseau, *Antan d'enfance*, 1993 (Folio n° 2844).
Raphaël Confiant, *Ravines du devant-jour*, 1993 (Folio n° 2706).
Junichirô Tanizaki, *Années d'enfance*, traduit du japonais et annoté par Marc Mécréant, 1993.
Luchino Visconti, *Le roman d'Angelo*, traduit de l'italien et présenté par René de Ceccatty, 1993.
Patrick Chamoiseau, *Chemin-d'école*, 1994 (Folio n° 2843).
Régine Detambel, *La lune dans le rectangle du patio*, 1994.
Patrick Drevet, *La micheline*, 1994.
Rabah Belamri, *Mémoire en archipel*, 1994.
Jean-Noël Pancrazi, *Madame Arnoul*, 1995 (Folio n° 2925).
Paul Fournel, *Le jour que je suis grand*, 1995.
Jean-Baptiste Niel, *La maison Niel*, 1995.
Henri Raczymow, *Quartier libre*, 1995.
Chantal Thomas, *La vie réelle des petites filles*, 1995.
Jean-Noël Vuarnet, *L'Aigle-Mère*, 1995.
Diane de Margerie, *Dans la spirale*, 1996.
Daniel Conrod, *Moi les animaux*, 1996.
Kenzaburô Ôé, *Arrachez les bourgeons, tirez sur les enfants*, traduit du japonais par Ryôji Nakamura et René de Ceccatty, 1996.
Rabah Belamri, *Chronique du temps de l'innocence*, postface de René de Ceccatty, 1996.
Jerome Charyn, *La belle ténébreuse de Biélorussie*, traduit de l'anglais (États-Unis) par Marc Chénetier, 1997 (Folio n° 3078).
Jacques Drillon, *Children's corner*, 1997.
Collectif, *Une enfance algérienne*, 1997 (Folio n° 3171).
Élisabeth Préault, *Les visages pâles*, 1997.
Jacques Roubaud, *Le Chevalier Silence*, 1997.
Émile Copfermann, *Dès les premiers jours de l'automne*, 1997.
Maurice Roche, *Un petit rien-du-tout tout neuf plié dans une feuille de persil*, préface d'Édouard Glissant, 1997.
Régine Detambel, *L'écrivaillon ou L'enfance de l'écriture*, 1998.
Gérard Spitéri, *Bonheur d'exil*, 1998.
Annie Cohen, *Bésame mucho*, 1998.
Pierre Péju, *Naissances*, 1998 (Folio n° 3384).

Wilhelm Dichter, *Le cheval du Bon Dieu*, traduit du polonais par Martin Nowoszewski, préface de Stanislaw Baranczak, 1998.

Jean Thibaudeau, *Souvenirs de guerre*, suivi de *Dialogues de l'aube*, 1998.

Alan Jolis, *Le soleil de mes jours*, traduit de l'anglais (États-Unis) par Marie-Claude Peugeot, 1999.

Émile Ollivier, *Mille eaux*, 1999.

Jerome Charyn, *Le Cygne Noir*, traduit de l'anglais (États-Unis) par Marc Chénetier, 2000.

Jean-Louis Baudry, *L'âge de la lecture*, 2000.

Ahmed Abodehman, *La ceinture*, 2000.

Raphaël Confiant, *Le cahier de romances*, 2000.

Zoé Valdés, *Le pied de mon père*, traduit de l'espagnol (Cuba) par Carmen Val Julián, 2000.

Florence Delaporte, *Le poisson dans l'arbre*, 2001.

Annie Cohen, *La dure-mère*, 2001.

Lucienne Sinzelle, *Mon Malagar*, préfaces de José Cabanis et Jean Mauriac, 2001.

Anne-Constance Vigier, *Le secret du peintre Ostende*, 2001.

Bona de Mandiargues, *Vivre en herbe*, traduit de l'italien par Claude Bonnafont, préface de Sibylle Pieyre de Mandiargues, 2001.

Sheila Kohler, *Splash*, traduit de l'anglais par Michèle Hechter, 2001.

Barry Gifford, *Wyoming*, traduit de l'anglais (États-Unis) par Claire Céra, 2002.

Paul West, *Mother's Music*, traduit de l'anglais par Jean Pavans, 2002.

Jérôme d'Astier, *Les bois de l'aube*, 2002.

Françoise Benassis, *L'infante*, 2003.

Nicola Barker, *Géante*, traduit de l'anglais par Catherine Gilbert, 2003.

Ben Faccini, *L'enfant du milieu*, traduit de l'anglais par Claire Céra, 2003.

Mathieu Riboulet, *Âmes inachevées*, 2004.

Jerome Charyn, *Bronx Boy*, traduit de l'anglais (États-Unis) par Marc Chénetier, 2004.

Olivier Bleys, *L'enfance de croire*, 2004.

Antonio Martínez, *Moi, Julia*, traduit de l'espagnol par Serge Mestre, 2004.

Daniel Maximin, *Tu, c'est l'enfance*, 2004.

Jacques-Rémy Girerd, *Cœur de trèfle*, 2004.

Sabine de Muralt, *Tout un monde*, 2004.

Claude Eveno, *Sur la lande*, 2005.

Patrick Chamoiseau, *À bout d'enfance*, 2005.

Henri Raczymow, *Reliques*, 2005.

Jeanne Herry, *80 étés*, 2005.

Gérard de Cortanze, *Spaghetti !*, 2005.

Alain Foix, *Ta mémoire, petit monde*, 2005.
Stella Baruk, *Naître en français*, 2006.
Gérard de Cortanze, *Miss Monde*, 2007.
Annie Cohen, *Géographie des origines*, 2007.
Catherine Shan, *Sa vie africaine*, 2007.
Anne Sibran, *Je suis la bête*, 2007.
Liliane Wouters, *Paysage flamand avec nonnes*, 2007.
Régine Detambel, *Notre-Dame-des-Sept-Douleurs*, 2008.
Jérôme Astier, *Je parlerai de toi à mon ami d'enfance*, 2008.
Jean Giono, *J'ai ce que j'ai donné*, 2008.
Gérard de Cortanze, *Gitane sans filtre*, 2008.
Patrice Gauthier, *L'Enfant-Crime*, 2009.
Bachir Kerroumi, *Le voile rouge*, 2009.
Michel Chaillou, *Le crime du beau temps*, 2010.
Annie Cohen, *Les silenciaires*, 2010.
Pierre Péju, *Enfance obscure*, 2011 (Folio n° 6155).
Henri Raczymow, *Points de chute*, 2012.
Michel Chaillou, *L'hypothèse de l'ombre*, 2013.
Annie Cohen, *Le petit fer à repasser*, 2014.
David Lescot, *Ceux qui restent*, 2015.
Dominique Sampiero, *Le sentiment de l'inachevé*, 2016.
Anne Sibran, *Enfance d'un chaman*, 2017.
Collectif, *Une enfance haïtienne*, 2017.
Thomas A. Ravier, *Les hautes collines*, 2017.
Gilles Paris, *La lumière est à moi*, 2018.
Gaston-Paul Effa & Isabelle Laurent, *Les parfums élémentaires*, 2019.
Guy Régis Jr, *Les cinq fois où j'ai vu mon père*, 2020.
Patrick Reumaux, *Les derniers guépards*, 2021.
Anne Sibran, *Le premier rêve du monde*, 2022

Composition : Entrelignes (64)
Achevé d'imprimer par Normandie Roto Impression s.a.s.
À Lonrai en septembre 2022
Dépôt légal : septembre 2022
Numéro d'imprimeur : 2203956

ISBN : 978-2-07-298417-4/Imprimé en France.

440861